Freimaurerei.

Es gibt keine Definition, was Freimaurerei ist, und es kann eine solche Begriffsbestimmung niemals geben, weil das Wesen der Freimaurerei sich jeder logischen Erfassung entzieht.

(Zitat: Br. Rolf Appel, *1920 - †2019)

Cornelius Rosenberg

Von den
GRUNDKENNTNISSEN
eines jeden Freimaurers, oder:
Was jeder Freimaurer wissen sollte.

ILLUMINATENORDEN
BRUDERSCHAFT DER ILLUMINATEN

Bibliografische Information der Deutschen
Nationalbibliothek: Die Deutsche Nationalbibliothek
verzeichnet diese Publikation in der Deutschen
Nationalbibliografie; detaillierte bibliografische
Daten sind im Internet über dnb.dnb.de abrufbar.

Zweite überarbeitete und erweiterte Ausgabe

Verlag:
BoD · Books on Demand GmbH, Überseering 33,
22297 Hamburg, bod@bod.de
Druck:
Libri Plureos GmbH, Friedensallee 273,
22763 Hamburg
ISBN: 978-3-8192-4803-0

In Memoriam.

In Erinnerung an einen besonderen Freund, Förderer, Mentor, Präfekten und tadellosen Freimaurer.

Dr. Max Hermann Kleensang, 33°
(Ordensname: Platon)
Geb. * 02.08.1941, gest. † 27.10.2018 in Essen

Inhaltsverzeichnis

Zweiter Teil: Urkunden der deutschen Freimaurerei.

Dritter Teil: Die alten Urkunden der schottischen Werkmaurer, oder: Die Kilwinning-Dokumente.

Erster Teil:
GRUNDLAGEN
der Freimaurerei

Allgemeine maurerische GRUNDSÄTZE.

Fern jeder politischen Betätigung nach innen und außen, ohne Stellungnahme für oder gegen eine Kirche oder Konfession wird von den Freimaurern Achtung vor jeder ehrlichen Überzeugung in voller Freiheit des Geistes, Gewissens und Glaubens gefordert.

Freimaurer sind verpflichtet, sich als friedliche Bürger der Ordnung des Staates einzufügen, in dem sie leben, ihm als ihrem Vaterlande treu zu dienen und mit allen Kräften für das Wohl ihres Volkes zu arbeiten.

Die Loge kennt in ihrem Kreis keinerlei Unterschiede von Geburt, Rang, Stand, Rasse und Religion und sieht in dem ganzen Menschengeschlecht eine einzige große Familie, deren Glieder – im Rahmen der verschiedenen Völker in gemeinsamer, friedlicher Kulturarbeit geeint – in Liebe und Brüderlichkeit zusammen-leben sollen. Kein Volk ist um seiner selbst willen da, sondern jedes hat die Pflicht, sich selbstlos in den Dienst der allgemeinen Menschheit zu stellen. Darum lehrt die Loge ihre Mitglieder das Evangelium der Liebe und Arbeit, indem sie jeden verpflichtet, frei von gesellschaftlichen Vorurteilen seinen Nebenmenschen als Bruder zu achten und zu lieben und sich durch strenge Selbstzucht zu einem geistig freien Menschen zu erziehen, der mit Selbstbewusstsein seine volle Kraft für den Nächsten, für sein Volk, ja, für die ganze Menschheit einsetzt, um diese auf gleichem Wege wie sich selbst zu möglichst hoher sittlicher Vollkommenheit zu führen. An die Stelle der im profanen Leben so oft vorherrschenden Vorurteile will die Loge Liebe setzen.

Getreu den in den „Alten Pflichten" niedergelegten ethischen Grundsätzen bejaht die Loge die Existenz Gottes. In dem Bilde Gottes als des Allmächtigen Baumeisters der Welt verehren ihre Mitglieder Quelle und Endziel aller sittlichen Ideen. Maurerische Symbole weisen auf die höhere Bestimmung des Menschen und die Unsterblichkeit der Seele hin; die Loge fordert jedoch von ihren Mitgliedern kein dogmatisch bestimmtes Bekenntnis und achtet jede Überzeugung; sie verwirft jede Verfolgung, die die Glaubens-, Gewissens- und Denkfreiheit antastet.

In dem Bestreben, ihre Mitglieder zur Selbsterkenntnis, zur Menschenliebe in Gesinnung und Tat, zur sozialen Hilfsbereitschaft sowie zur Schärfung des Gewissens und des Verantwortungsgefühls für jede Handlung zu erziehen, *bedient sich die Loge einer nur ihr eigenen symbolischen Lehrmethode und im symbolischen Sinne der Werkzeuge, wie sie bei alten Steinmetzbauhütten und den Handwerksmaurern üblich waren und sind, von denen sie ihre Einrichtungen, Rituale und Verkehrsformen im wesentlichen entlehnt hat. Letztere sind das einzige Geheimnis, zu dem die Loge ihre Mitglieder verpflichtet.*

Die Loge stellt sich rückhaltlos, auch in ihren Gesetzen, auf den Boden einer demokratischen Verfassung, und deshalb werden alle wichtigen Beschlüsse in freier und unbeeinflussbarer Mehrheitsentscheidung gefasst und der Meister vom Stuhl sowohl wie alle anderen Beamten der Loge in geheimer Abstimmung gewählt.

(Quelle: Rolf Appel, Die großen Leitideen der Freimaurerei, S. 21).

Auf Grundlage der „Allgemeinen maurerischen Grundsätze" lassen sich folgende grundlegende Fragen zur Freimaurerei ableiten und beantworten:

1. Was ist die Haltung der Freimaurerei zu Politik und Religion?

Antwort: Die Freimaurerei ist sowohl politisch als auch religiös neutral. Sie nimmt weder Stellung für noch gegen eine Kirche oder Konfession und beteiligt sich nicht an politischer Betätigung. Stattdessen fordert sie Achtung vor jeder ehrlichen Überzeugung sowie die freie Entfaltung von Geist, Gewissen und Glauben.

2. Wie versteht sich der Freimaurer als Staatsbürger?

Antwort: Ein Freimaurer ist angehalten, ein friedlicher, gesetzestreuer Bürger zu sein, seinem Vaterland treu zu dienen und zum Wohl des Volkes beizutragen. Die Loge bejaht die demokratische Verfassung und trifft ihre Entscheidungen in freier und unbeeinflusster Mehrheitsentscheidung.

3. Welche Werte sind für die Freimaurerei zentral?

Antwort: Die Freimaurerei betont Werte wie Menschenliebe, Brüderlichkeit, Toleranz, Selbstdisziplin, geistige Freiheit und soziale Verantwortung. Ziel ist die sittliche Vervollkommnung des Einzelnen und die Förderung einer Kultur der Mitmenschlichkeit.

4. Wie steht die Freimaurerei zur Idee der Menschheit?

Antwort: Sie sieht die Menschheit als eine große Familie, in der alle Menschen unabhängig von Herkunft, Stand oder Religion gleichwertig sind und in friedlicher Zusammenarbeit leben sollen. Kein Volk existiert um seiner selbst willen, sondern soll sich in den Dienst der Menschheit stellen.

5. Welche Gottesvorstellung vertritt die Freimaurerei?

Antwort: Die Freimaurerei bejaht die Existenz Gottes in Form eines höchsten ethischen Prinzips, das als „Allmächtiger Baumeister der Welt" bezeichnet wird. Dogmatische Glaubensbekenntnisse sind jedoch nicht gefordert; jede aufrichtige Überzeugung wird geachtet. Atheisten und Agnostiker sind von der regulären Freimaurerei ausgeschlossen.

6. Welche Rolle spielen Symbole in der Freimaurerei?

Antwort: Symbole haben eine zentrale Funktion zur Vermittlung ethisch-spiritueller Inhalte. Sie stammen aus der Tradition der alten Bauhütten und verweisen auf die höhere Bestimmung des Menschen sowie auf die Unsterblichkeit der Seele.

7. Wie vermittelt die Freimaurerei ihre Inhalte?

Antwort: Durch eine eigens entwickelte symbolische Lehrmethode, die auf der sinnbildlichen Bedeutung von Werkzeugen und rituellen Formen beruht. Diese Methode dient der Selbsterkenntnis, der ethischen Schulung und der geistigen Erziehung.

8. Was versteht die Freimaurerei unter Geheimhaltung?

Antwort: Die Freimaurerei verlangt Verschwiegenheit über ihre rituellen Formen und Symbole. Dieses sogenannte „Geheimnis" betrifft keine weltlichen Inhalte, sondern schützt die innere, symbolisch geprägte Erfahrungswelt der Loge.

9. Welche Bildungsziele verfolgt die Freimaurerei?

Antwort: Die Freimaurerei strebt die Erziehung ihrer Mitglieder zu geistig freien, verantwortungsvollen

Menschen an. Dazu gehören Selbstzucht, Gewissens-schärfung, Verantwortungsbewusstsein sowie das Streben nach sittlicher Vollkommenheit. Bildung wird hier nicht als bloßes Wissen, sondern als Charakterbildung im Sinne ethischer Reifung verstanden.

10. Welche Rolle spielt die soziale Verantwortung in der Freimaurerei?

Antwort: Die Loge verpflichtet ihre Mitglieder zur tätigen Nächstenliebe und sozialen Hilfsbereitschaft. Freimaurerei ist nicht weltabgewandt, sondern sieht sich als moralische Kraft innerhalb der Gesellschaft, die aktiv zur Verbesserung menschlicher Lebensverhältnisse beitragen will.

11. Wie versteht die Freimaurerei den Begriff der Freiheit?

Antwort: Freiheit wird nicht als bloße Unabhängigkeit verstanden, sondern als innere Freiheit des Geistes, des Gewissens und des Glaubens. Diese geistige Freiheit ist Grundlage für Toleranz, Selbstverantwortung und sittliches Handeln.

12. Wie steht die Freimaurerei zu Vorurteilen und gesellschaftlichen Unterschieden?

Antwort: Die Loge bekennt sich ausdrücklich zur Überwindung gesellschaftlicher Vorurteile. Geburt,

Rang, Stand, Rasse oder Religion dürfen innerhalb der Loge keine Rolle spielen. Stattdessen wird die Gleichheit aller Menschen und ihre Brüderlichkeit betont.

13. Welche Bedeutung hat die Arbeit in der freimaurerischen Symbolik?

Antwort: „Arbeit" ist ein zentrales Motiv: Sie meint nicht nur äußere Tätigkeit, sondern vor allem die innere Arbeit am eigenen Charakter.

14. In welchem Verhältnis steht die Freimaurerei zu Tradition und Moderne?

Antwort: Die Freimaurerei beruft sich auf alte Quellen – wie die „Alten Pflichten" und die Steinmetztradition – steht aber fest auf dem Boden moderner demokratischer Prinzipien. Sie verbindet symbolisches Erbe mit zeitgemäßer Ethik und gesellschaftlichem Engagement.

15. Warum gilt die freimaurerische Lehrmethode als einzigartig?

Antwort: Die Loge verwendet keine dogmatische oder schulhafte Belehrung, sondern eine symbolisch-rituelle Methode, die individuell erfahrbar ist. Diese „nur ihr eigene" Lehrform fördert ein langsames, tiefes Verstehen durch Symbole, Rituale und persönliche Reflexion.

16. Was bedeutet es, dass die Freimaurerei sich selbst als „Geheimnis" versteht?

Antwort: Das eigentliche „Geheimnis" der Freimaurerei ist kein weltliches Wissen, sondern die persönliche Erfahrung von Symbolen, Ritualen und spirituellen Einsichten. Die Verschwiegenheit schützt diesen inneren Weg vor profaner Banalisierung oder Missverständnis.

Hintergründe zur Unvereinbarkeit von Atheismus und Agnostizismus mit den Grundprinzipien der Freimaurerei :

Die **reguläre Freimaurerei**, insbesondere wie sie durch die **United Grand Lodge of England (UGLE)** vertreten wird, schließt **Atheisten und erklärte Agnostiker** von der Aufnahme aus. Diese Entscheidung beruht nicht auf Intoleranz gegenüber anderen Weltanschauungen, sondern auf **grundlegenden Prinzipien des freimaurerischen Welt- und Menschenbildes**, die in ihren *Landmarks* und *Konstitutionen* fest verankert sind.

1. Fundament der Freimaurerei: Der Glaube an ein Höheres Wesen

Die UGLE und ihr weltweites Netz regulärer Großlogen verlangen vom Kandidaten den **Glauben an** einen „**Supreme Being**", oft bezeichnet als der **Allmächtige** oder **Große Baumeister der Welt** („Great Architect of the Universe"). Dieser Glaube ist **nicht konfessionell**, wohl aber **theistisch**.

Primärquelle: UGLE – „Basic Principles for Grand Lodge Recognition" (1929)

> *"That belief in the Great Architect of the Universe and His revealed will shall be an essential qualification for membership."*

Damit ist klar:

Ein Freimaurer muss **an ein transzendentes, schöpferisches Prinzip** glauben – unabhängig davon, ob er dies als Gott, Gottheit, Schöpfer oder übergeordnete Ordnung versteht. **Atheismus (aktive Verneinung)** und **Agnostizismus (Nichtwissen oder bewusste Enthaltung)** widersprechen dieser Voraussetzung.

2. Die Verpflichtung auf das Heilige Buch (Volume of the Sacred Law)

Die Verpflichtung (Eid) des Kandidaten erfolgt in regulären Logen **auf das „Heilige Buch"**, das sogenannte *Volume of the Sacred Law* (VSL) – sei es die Bibel, der Koran, die Torah oder eine andere anerkannte heilige Schrift.

> *„No man can be made a Mason unless he takes his obligation on the Volume of the Sacred Law, which he regards as binding on his conscience."*
> (Quelle: UGLE-Website, FAQs zur Mitgliedschaft)

Ein Atheist oder Agnostiker kann keine **bindende Verpflichtung auf ein Heiliges Buch ablegen**, das er nicht als verbindlich anerkennt. Die rituelle Wirkung des Eides ist damit **entwertet** – sowohl symbolisch als auch rechtlich im freimaurerischen Sinn.

3. Ziel der Freimaurerei: Die Vervollkommnung des Menschen unter göttlicher Ordnung

Die Freimaurerei sieht den Menschen als **Wesen in einem göttlich geordneten Kosmos**, das sich selbst veredeln soll, um zur sittlichen Reife und geistigen Einsicht zu gelangen – **unter Bezug auf ein höheres Gesetz**.

Ohne diesen Glaubensbezug **verliert die Symbolik** (Tempel, Licht, moralisches Gesetz, Jenseits, Wahrheit als göttlicher Ursprung) ihre **verbindliche Tiefe**.

> *„Freemasonry is not a religion, but it is religious in that it requires a belief in a Supreme Being."*

(Quelle: UGLE, *Aims and Relationships of the Craft*, 1938)

4. Die Einheit der Loge basiert auf gemeinsamen spirituellen Grundlagen

Freimaurerei ist kein Diskussionszirkel über religiöse Fragen – sie **setzt eine gewisse spirituelle Grundhaltung voraus**, um das **Ritual in seinem inneren Sinn erfahrbar** zu machen. Ein Atheist könnte das rituelle Geschehen **nicht als innere Realität**, sondern nur als **leere Form** erleben. Das würde das **Band der Loge gefährden**, das auf gemeinsamer Sinnsuche beruht.

5. Der Ausschluss erfolgt nicht aus Dogmatik, sondern aus Prinzipientreue

Die reguläre Freimaurerei erwartet **keine konfessionelle Bindung**, wohl aber den **Glauben an eine höhere Macht**. Wer diesen bewusst ablehnt oder als unentscheidbar erklärt (Agnostizismus), **kann den grundlegenden Verpflichtungen und Erfahrungen der Loge nicht gerecht werden**.

Der Ausschluss ist daher **nicht abwertend gemeint**, sondern **eine logische Folge der inneren Ordnung der Freimaurerei**.

In einigen **deutschen Freimaurerlogen** – insbesondere in solchen, die zur **Großloge der Alten Freien und Angenommenen Maurer von Deutschland (GL AFuAMvD)** gehören – ist die Aufnahme **nichttheistischer Personen** wie **Agnostiker** und **Atheisten** möglich. Dies beruht auf einem bewusst **weiter gefassten Religions- und Gottesverständnis**, das sich seit dem frühen 20. Jahrhundert entwickelt hat, besonders nach dem Zweiten Weltkrieg. Die Begründung erfolgt durch eine Kombination aus **Humanismus, Gewissensethik** und **symbolischer Offenheit**.

Einige Begründungen hierfür sind die Folgenden:

1. „Gott" als Symbol für das moralische Prinzip

Viele deutsche Logen verstehen den „Allmächtigen Baumeister der Welt" nicht dogmatisch-theistisch, sondern **symbolisch** – als Ausdruck eines **höheren sittlichen Prinzips**, das auch **religiös ungebundenen Menschen** zugänglich ist.

> **Zitat (GL AFuAMvD, Öffentlichkeitsmaterial):**
> *„Der Baumeister ist kein personaler Gott, sondern ein Symbol für Ordnung, Vernunft, Maß und Menschlichkeit."*

→ Ein **ethischer Agnostiker**, der sich an universalen Werten orientiert, kann diesen symbolischen Bezug mittragen, auch ohne an eine metaphysische Wesenheit zu glauben.

2. Orientierung an Gewissen statt an Dogma

Deutsche Freimaurerei legt besonderen Wert auf die **Freiheit des Gewissens**. Es wird **kein Glaubensbekenntnis gefordert**, sondern eine innere Bereitschaft zur **moralischen Selbsterkenntnis und Selbstverpflichtung**.

> **GL AFuAMvD (Selbstdarstellung):**
> *„Die Maurerei ist offen für Menschen aller Religionen, aber auch für solche, die keiner Religion angehören, sofern sie den ethischen Anspruch der Loge mittragen."*

→ Ein **nicht religiöser, aber ethisch reflektierter Mensch** kann aufgenommen werden, wenn er das Menschenbild der Freimaurerei akzeptiert.

3. Historischer Bezug: Humanistische Maurerei des 20. Jahrhunderts

In der Weimarer Republik und besonders nach dem Zweiten Weltkrieg entwickelte sich eine **humanistische Strömung** innerhalb der deutschen Freimaurerei, die sich vom religiös-konservativen Lager (z. B. Große Landesloge) bewusst absetzte.

→ Diese Strömung legte den Schwerpunkt auf **Menschlichkeit, Selbsterkenntnis und Toleranz** – weniger auf metaphysische Glaubensformen.

4. Unterschiedliche Bedeutung des „Lichts"

Während reguläre anglo-amerikanische Großlogen das „Licht" als göttliches Prinzip deuten, sehen viele deutsche Logen darin das **innere Licht des Bewusstseins, der Vernunft, des Ethos**.

→ Diese Interpretation erlaubt es auch **atheistisch eingestellten Personen**, das Ritual **symbolisch ernst zu nehmen**, ohne es in religiöser Weise zu verstehen.

5. Praktische Logenrealität: Individualprüfung statt Dogmatik

In vielen deutschen Logen ist der Aufnahmeprozess **individuell geprägt**. Entscheidend ist weniger das abstrakte Weltbild, sondern die **innere Haltung** des Suchenden:

- Ist er offen für Symbolik?

- Nimmt er das Ritual ernst?

- Handelt er ethisch verantwortlich?

Wenn diese Fragen bejaht werden, kann auch ein Agnostiker (und in seltenen Fällen ein Atheist) als **würdig betrachtet** werden.

Diese Praxis wird **nicht von allen Großlogen weltweit anerkannt**.
Die **United Grand Lodge of England (UGLE)** erkennt Logen, die Atheisten aufnehmen, **nicht als regulär** an.

→ Deutsche Logen, die Agnostiker oder Atheisten aufnehmen, sind **„irregulär" im Sinne der UGLE**, aber **innerhalb Deutschlands anerkannt und respektiert** – besonders unter dem Dach der **Vereinigten Großlogen von Deutschland (VGLvD)**, die eine **föderative Struktur** mit unterschiedlichen Positionen erlaubt.

<u>Was man wissen sollte:</u> Die **Zulassung von Atheisten oder Agnostikern in deutschen Logen**, wie sie in Teilen der deutschen Freimaurerei **praktiziert oder toleriert wird**, steht **im Widerspruch zu den international anerkannten Grundsätzen der regulären Freimaurerei**, insbesondere zu denen der **United Grand Lodge of England (UGLE)** und der **Konferenz der regulären Großlogen der Welt.**

1. Internationale Grundsätze der regulären Freimaurerei (UGLE, 1929)

Die sogenannten *„Basic Principles for Grand Lodge Recognition"* wurden 1929 von der UGLE veröffentlicht und sind seither weltweit Maßstab für die **Anerkennung regulärer Großlogen**. Die beiden zentralen Prinzipien, die hier relevant sind:

> **Grundsatz Nr. 1:**
> *„That belief in the Great Architect of the Universe and His revealed will shall be an essential qualification for membership."*

> **Grundsatz Nr. 6:**
> *„That the discussion of religion and politics within the lodge shall be strictly prohibited."*

Eine Großloge, die **nicht den Glauben an ein Höheres Wesen** als Voraussetzung zur Mitgliedschaft fordert, **verstößt gegen diese Grundsätze** und kann von regulären Großlogen **nicht anerkannt werden**.

2. Der Fall Deutschland: Formale Einheit, inhaltliche Spannbreite

Die deutsche Freimaurerei ist innerhalb der **Vereinigten Großlogen von Deutschland (VGLvD)** zusammengefasst, die von der UGLE **formal als regulär anerkannt ist**. Die VGLvD besteht jedoch aus **fünf eigenständigen Großlogen** mit teilweise unterschiedlichen Weltanschauungen.

Diese **inhaltliche Uneinheitlichkeit** führt zu **Spannungen mit der internationalen regulären Maurerei**, weil sich die Anerkennung der VGLvD **auf die Gesamtheit** bezieht, nicht auf jede Einzelloge.

3. Bewertung aus Sicht der UGLE

Die **United Grand Lodge of England** und andere streng reguläre Großlogen sehen eine **offene oder auch nur tolerierte Aufnahme von Atheisten oder erklärten Agnostikern** als **unvereinbar mit der regulären Maurerei** an. Ein Logenbund, der dies erlaubt oder duldet, **wird in der Regel als irregulär eingestuft**.

> Beispiel: Die **Grand Orient de France**, die seit 1877 den Gottesbezug als Aufnahmekriterium abgeschafft hat, **verlor seither die Anerkennung durch die UGLE**.

Die Zulassung von Atheisten oder Agnostikern **steht im Widerspruch zu den international verbindlichen Prinzipien regulärer Freimaurerei**. Solche Ausnahmen in Teilen der deutschen Freimaurerei **untergra-**

ben langfristig die weltweite Anerkennungsfähigkeit, auch wenn sie im föderativen Rahmen der VGLvD **formal noch toleriert** werden.

Die Arbeit am rauhen Stein.

Freimaurerei ist kein Weg der Persönlichkeitsentwickung . Sie ist kein Persönlichkeitstraining, sondern will Persönlichkeitsfindung bewirken. Dies erklärte Br. Wolfgang Wenng im Jahr 1987 in seinem Buch *Freimaurerei, eine Philosophie der Menschlichkeit*. Er schrieb:

Von der Überlegung ausgehend, dass in einer Menschengemeinschaft zuerst der einzelne Mensch in Ordnung kommen muss, wenn die Familie in Ordnung sein soll, dass nur eine intakte Familie den Grund für eine gesunde Gesellschaft bilden kann, zeigt, dass im Mittelpunkt aller Bemühungen der Mensch steht.

Geistige Vertiefung und sittliche Höherentwicklung, zu denen jeder Mensch fähig und wert ist, sind deshalb die immer wieder an jeden einzelnen Freimaurer gestellten Forderungen.

In dieser Höherentwicklung und Vervollkommnung liegt der tiefere Sinn der freimaurerischen Idee. Ohne

Anerkennung dieser Idee kann niemand Freimaurer sein. Freimaurerei würde ohne Anerkennung dieser Möglichkeit ihren Sinn und ihre Lebensberechtigung verlieren.

Dieses Bemühen des einzelnen um seine geistige Vertiefung und um seine menschliche Haltung bezeichnet die Freimaurerei als Arbeit am Rauhen Stein. Es ist die Pflicht eines jeden Freimaurers, an sich zu arbeiten, um sich so als ein geschätztes Glied der Gemeinschaft der Menschen einzubringen. Es gilt also, sich selbst zu einer einmaligen, unverwechselbaren Persönlichkeit heranzubilden. Da Persönlichkeitsbildung – so versteht es jedenfalls die Freimaurerei – kein einfacher biologisch-organisch gesteuerter Vorgang ist, wie etwa die Entwicklung eines Vogels aus dem Ei, bedarf es des eigenen Bemühens.

Die Freimaurerei bedeutet deshalb auch nicht so sehr Persönlichkeitsentwicklung, sondern Persönlichkeitsfindung. Findung will zum Ausdruck bringen, dass wir selbst unseren Weg finden müssen, dass wir Entschlusskraft dazu brauchen.

(...) So ist Freimaurerei im letzten und wesentlichen Sinn Persönlichkeitsfindung. Humanität, Toleranz, Wohltätigkeit und was immer sonst noch angestrebt wird, sind Resultate dieses Bemühens und der Findung des eigenen Ich. Am Anfang einer jeden

freimaurerischen Arbeit steht das „Erkenne Dich selbst".

Hieraus lassen sich folgende grundlegende Fragen zur freimaurerischen Selbsterkenntnis und zur Rolle des Einzelnen ableiten und beantworten:

1. Was versteht die Freimaurerei unter Persönlichkeitsentwicklung?

Antwort: Freimaurerei lehnt den Begriff der bloßen „Persönlichkeitsentwicklung" im modernen, psychologisch-technischen Sinn ab. Sie ist kein Persönlichkeitstraining, sondern ein Weg zur **Persönlichkeitsfindung**. Es geht nicht darum, sich durch äußere Techniken zu optimieren, sondern durch innere Arbeit sich selbst wahrhaft zu erkennen.

2. Was meint die Freimaurerei mit „Arbeit am rauhen Stein"?

Antwort: Die „Arbeit am rauhen Stein" ist das zentrale Symbol für den inneren Entwicklungsprozess des Menschen. Der Freimaurer sieht sich selbst als „unbehauenes Steinmaterial", das durch Selbstarbeit – also durch Reflexion, ethisches Streben und geistige Vertiefung – geformt werden muss, um in den Bau der menschlichen Gemeinschaft eingefügt werden zu können.

3. Warum ist Persönlichkeitsfindung für die Freimaurerei so wichtig?

Antwort: Weil die Loge überzeugt ist, dass eine gesunde Gesellschaft nur entstehen kann, wenn der einzelne Mensch in Ordnung ist. Die Ordnung der Familie, der Gesellschaft und der Menschheit beginnt beim innerlich gefestigten, selbstbewussten Individuum. Diese Findung ist die Voraussetzung für wahre Humanität.

4. Wie unterscheidet sich Persönlichkeitsfindung von Persönlichkeitsentwicklung?

Antwort: „Persönlichkeitsentwicklung" suggeriert eine automatische oder technikbasierte Verbesserung – ähnlich einem biologischen Reifungsprozess. Freimaurerei hingegen sieht Persönlichkeitsfindung als bewussten, willensgetragenen Akt: Der Mensch muss **selbst entscheiden**, welchen Weg er geht und **aktiv** an seiner sittlichen und geistigen Formung arbeiten.

5. Welche Tugenden sind Ergebnis freimaurerischer Persönlichkeitsfindung?

Antwort: Tugenden wie **Humanität**, **Toleranz** und **Wohltätigkeit** sind keine vorgegebenen Ziele, sondern Resultate eines authentischen, inneren Suchprozesses. Sie entstehen aus der Selbstfindung, nicht aus äußerem Gehorsam oder moralischem Zwang.

6. Welche Grundhaltung wird vom Freimaurer gefordert?

Antwort: Ein ernsthaftes Bemühen um **geistige Vertiefung** und **sittliche Höherentwicklung**. Diese Haltung ist nicht optional, sondern konstitutiv für das freimaurerische Selbstverständnis. Wer diesen Weg ablehnt, verfehlt den innersten Sinn der Freimaurerei.

7. Was steht am Anfang jeder freimaurerischen Arbeit?

Antwort: Das freimaurerische Selbstbekenntnis beginnt mit dem philosophischen Leitsatz: **„Erkenne dich selbst."** Dieser antike Imperativ bildet die Grundlage für jegliche Arbeit an sich selbst und ist der Ausgangspunkt für jeden weiteren geistigen und ethischen Schritt in der Loge.

8. Welches Menschenbild liegt der Freimaurerei zugrunde?

Antwort: Die Freimaurerei geht davon aus, dass **jeder Mensch zur sittlichen und geistigen Höherentwicklung fähig und würdig** ist. Sie setzt einen freien Willen, individuelle Würde und die Fähigkeit zur Selbstgestaltung voraus – unabhängig von Herkunft oder Bildungsgrad. Dies ist ein humanistisches und optimistisches Menschenbild.

9. Welche Bedeutung kommt dem individuellen Willen zu?

Antwort: Persönlichkeitsfindung verlangt **Entschlusskraft**. Der Weg zur Selbsterkenntnis geschieht nicht automatisch, sondern muss bewusst gewählt und gegangen werden. Ohne den aktiven Willen zur Veränderung bleibt der Mensch im Rohzustand – gleich einem unbearbeiteten Stein.

10. Warum ist die Arbeit am rauhen Stein eine Pflicht, keine Option?

Antwort: Die Freimaurerei sieht den ethischen Selbstbildungsprozess nicht als beliebige Übung, sondern als **Pflicht jedes Freimaurers**. Es geht um mehr als persönliche Entwicklung: Nur wer sich selbst veredelt, kann ein wertvolles Glied in der menschlichen Gemeinschaft sein. So wird Individualethik zur Sozialethik.

11. In welchem Verhältnis steht das Ich zur Gemeinschaft?

Antwort: Die Arbeit an sich selbst dient nicht der egozentrischen Selbstverwirklichung, sondern der **Einfügung in die Gemeinschaft der Menschen**. Der einzelne soll durch Selbsterkenntnis und -veredelung seinen unverwechselbaren Platz im großen Bauwerk der Menschheit finden und einnehmen.

12. Warum ist Freimaurerei keine Therapie oder Lebenshilfe?

Antwort:
Der Text grenzt sich bewusst von psychologischen Selbstoptimierungsmodellen ab. Freimaurerei ist **keine Technik**, kein Coaching oder Persönlichkeitstraining. Ihr Ziel ist nicht Effizienzsteigerung oder Erfolg, sondern das Finden des eigenen Wesens und die ethische Selbstverpflichtung daraus.

13. Was ist der tiefere Sinn der freimaurerischen Idee?

Antwort: Der Sinn liegt in der **geistigen Höherentwicklung und moralischen Selbstvervollkommnung**. Ohne Anerkennung dieser Idee wäre Freimaurerei bedeutungslos. Sie lebt nur durch das tätige Bemühen jedes Einzelnen, sich innerlich zu wandeln – eine Lebensaufgabe, keine Momentaufnahme.

Der rauhe Stein – Symbol und Verpflichtung:

Die Arbeit am rauhen Stein steht im Zentrum freimaurerischen Strebens. Sie ist Ausdruck des festen Glaubens, dass der Mensch nicht als fertiges Wesen geboren wird, sondern als **gestaltbares,**

ethisch bildbares Individuum, das durch Bewusstwerdung, Verantwortung und Selbstüberwindung zu sich selbst finden kann. In einer Zeit, in der äußere Leistungsoptimierung oft über innere Reifung gestellt wird, erinnert die Freimaurerei daran, dass **Selbsterkenntnis vor Selbstvermarktung, Haltung vor Effektivität** und **Gewissen vor Nutzen** stehen müssen.

Die Freimaurerei bietet keinen einfachen Weg zur Selbstverbesserung – sondern einen ernsthaften, lebenslangen Prozess der **Persönlichkeitsfindung**, der jedes ihrer Mitglieder dazu aufruft, sich in Demut, Ernst und Entschlossenheit dem inneren Bau zu widmen. Wer diesen Weg wählt, erkennt: Humanität, Toleranz, Mäßigung und tätige Nächstenliebe sind **nicht Ziele**, sondern **Früchte einer gelebten Selbstprüfung**.

Praktische Empfehlungen für die freimaurerische Arbeit am rauhen Stein:

1. Tägliche Reflexion statt gelegentlicher Erhebung

Nimm dir regelmäßig – idealerweise täglich – bewusst Zeit zur **Rückschau auf dein Denken, Fühlen und Handeln**. Frage dich: Was war heute mein größter Fortschritt? Wo liegt noch mein rauher Stein?

2. Symbolische Vertiefung ernst nehmen

Studieren allein reicht nicht – **erlebe die Symbole**. Meditiere über Zirkel, Winkelmaß, Senkblei und Winkelwaage. Welches Werkzeug brauchst du gerade für deine persönliche Formung?

3. Ethik ins Handeln bringen

Verwende deine Erkenntnis nicht nur in Gedanken, sondern **übersetze sie in konkrete Taten**: Geduld im Streit, Hilfe ohne Erwartung, Verzicht ohne Klage. Der rauhe Stein wird durch Handlung geglättet – nicht durch Theorie.

4. Den Logenabend als Übung in Selbstdisziplin begreifen

Verstehe die Tempelarbeit nicht als rituelles Ritualisieren, sondern als **Schule des Inneren**. Schweigen, Haltung, Aufmerksamkeit – all das ist Teil des Bauens an dir selbst.

5. Gespräch mit Brüdern als Spiegel nutzen

Bitte gelegentlich einen Bruder deines Vertrauens um ein offenes, wertschätzendes Gespräch über deine Entwicklung. **Fremdbild und Selbstbild zu**

vergleichen, ist ein scharfes Werkzeug zur Selbsterkenntnis.

6. Sich immer wieder bewusst entscheiden

Die Arbeit am rauhen Stein ist **keine Folge des
Grades**, sondern der Entscheidung. Du musst sie
jeden Tag neu treffen – auch, wenn der Fortschritt
unsichtbar scheint.

Mahnworte zur Geschäftsmaurerei.

*Will man eine ganz besonders abfällige Charak-
terisierung über ein Mitglied unseres Bundes
vornehmen, bezeichnet man ihn – natürlich nur,
wenn er durch sein Verhalten Anlass dazu gegeben hat, als Geschäftsmaurer.*

*Echte Geschäftsmaurerei ist jedoch fast schon
als kriminell zu bezeichnen, denn sie bedeutet
rigorose Ausnutzung von freimaurerischen Einrichtungen und bruderschaftlichen Verbindungen zum eigenen Nutzen und Vorteil.*

*(...) Viele Verfehlungen aller Couleurs sind Brü-
dern zuzuschreiben, sowohl in der Vergangen-*

heit, als auch in der Zukunft, werden wir uns davor nicht schützen können.

Es ist zwar sehr verständlich jedoch wenig sinnvoll, diese Fakten von Verfehlungen weniger Brüder aus Scham oder Peinlichkeit unter den Teppich kehren zu wollen.

Eine weit verbreitete Vorstellung der Außenstehenden ist es, dass die Freimaurer ihre enge brüderliche und freundschaftliche Verbindung vor allem aufbauen, um persönlicher geschäftlicher Vorteile willen und dass dies das Hauptmotiv für die meisten Männer sei, um eine Mitgliedschaft in unserer Bruderkette anzustreben.

(...) Die Briten glauben, ebenso wie die US-Amerikaner, an einen Freimaurerfilz. Da sich unter den Mitgliedern des Königshauses, über Militär, Hochadel, Polizei und Verwaltung in Großbritannien viele Freimaurerbrüder befinden.

Es gibt auch eine ganze Reihe von Mitbürgern, die nicht zwischen Service-Clubs und Freimaurerei unterscheiden können. Service-Clubs sind im Gegensatz zur Maurerei zum Teil speziell wegen dieser freundschaftlich-geschäftlichen Verbindungen gegründet worden. Ein Faktum, welches nicht gegen die Service-Clubs spricht, sondern abgesehen davon, dass diese Clubs Menschen zusammenführen, geht von den meisten auch noch eine ganze Anzahl sozialer Einrichtungen und Bewegungen aus. Darüber hinaus bedingt die gewollte Internationalität und der Austausch von Jugendlichen und Schülern eine Förderung der Völkerverständigung in einer immer kleiner werdenden globalisierten Welt.

Wir Freimaurer bilden demgegenüber eine Wertegemeinschaft, die in den letzten 300 Jahren ihres offiziellen Bestehens vor allem aufklärerisch und humanpolitisch wirksam war. Natürlich geraten solche Wertegemeinschaften, nicht zuletzt dadurch, dass sie einen rituellen Rahmen besitzen, welcher durch das gefühlte Erlebnis bedingt, den Einzelnen Bruder so unterschiedlich anspricht, dass er dieses Gefühl verbal nicht zu übermitteln vermag, leider immer in den Verdacht des unredlichen Tuns.

(...) Es wäre darüber hinaus sicherlich auch blauäugig zu leugnen, dass einzelne Mitglieder gelegentlich versuchen die enge brüderliche Verbundenheit auszunutzen, um einen Vorteil zu gewinnen. *Andererseits ist es nur natürlich, dass Menschen, die freundschaftlich miteinander verbunden sind, sich bemühen einander beizustehen, wenn der eine die Notlage eines Freundes erkennt.*

Ferner ist es in unserer Welt des Misstrauens und der täglichen Gefahr der Übervorteilung durch rüde Geschäftemacher und vorsätzliche Gauner nur selbstverständlich, dass der Bruder und Freund, der natürlich zu Recht einen hohen Vertrauensvorschuss genießt, Rat und Tat eines Bruders in Anspruch nimmt.

Auch der Gebende und Ratende hat ein gesteigertes Interesse daran, dass es seinem Bruder und Freund wohl ergehe und er vor Schaden bewahrt wird. Dieses eigentümliche, weltweite und spontane Vertrauen, welches die Wertegemeinschaft und das gemeinsame Ritualerlebnis zwangsläufig mit sich bringt, auch wenn man sich nur an Zeichen, Wort und Griff als Bruder erkennt, ist einerseits ein großartiges Erlebnis der Weltbruderkette, andererseits bewegen wir uns natürlich auf dünnem Eis.

Wir verpflichten uns in unserem Ritual schon als Suchende, dem Bruder nach Kräften mit Rat und

Tat Hilfeleistung zu gewähren, wenn er dieser bedarf.

(...) Die Ehre – oder man kann sagen der Anstand – ist es, der hier eine Grenze zwischen Freimaurerei und Geschäftsmaurerei zieht. Zweifellos ist diese Grenze dünn, dem Bruder jedoch, der sich mit unserem Bund befasst und auseinander gesetzt hat, dürfte sie klar vor Augen stehen. Diese Grenze (...) wird dort überschritten, wo es eine sachlich nicht zu rechtfertigende Bevorzugung, wo Unzulässiges, oder gar Rechtswidriges verlangt oder gewährt wird. Das wäre ein klarer Missbrauch der durch brüderliche Verbundenheit sich ergebende Gelegenheit. Dies wäre dann Geschäftsmaurerei. Andererseits ist bewusstes Ablehnen von Hilfe, unter dem Vorwand, man könnte mit einer Hilfeleistung der Geschäftsmaurerei bezichtigt werden, ein klägliches Zeichen der Feigheit.

Die Grenzziehung zwischen berechtigtem und natürlichen Freundschaftsdienst ist ein wenig heikel. Doch gerade die Unterscheidung, dem Freund zu helfen, ohne ihn gegenüber einem Außenstehenden Anderen zu begünstigen ist ein Teil der freimaurerischen Ethik, welche wir im

Laufe unserer Bundeszugehörigkeit erwerben müssen.

Wir müssen zu der Tatsache stehen, dass auch die humanitären Freimaurer eben nur ganz normale Menschen sind, behaftet mit allen Fehlern der menschlichen Natur. In zwei Punkten sollen sie sich jedoch von den anderen Menschenbrüdern unterscheiden, sie handeln freundschaftlich und uneigennützig und mit Überlegung unter Umständen unter Hinzuziehen eines älteren Bruders oder sogar des ehrw. M.v.St. seiner Loge.

Ferner sind wir Freimaurer wie viele Menschen Leute, welche die Welt verbessern wollen. Wir wählen nur einen komplett anderen Weg zum Ziel, während die einen die Menschen ändern wollen um die Welt zu verbessern, versuchen wir das gleiche zu erreichen, indem wir bei uns selbst mit der Verbesserung beginnen (Quelle: Vortrag vom 22.09.2012, Br. W. W. 33°).

Die „Mahnworte zur Geschäftsmaurerei" benennen eine Vielzahl von Missverständnissen, Fehlwahrnehmungen und Vorurteilen, die sowohl innerhalb als auch außerhalb der Freimaurerei entstehen können – insbesondere im

Hinblick auf das Verhältnis von Brüderlichkeit und Vorteilsnahme:

1. Missverständnis: Freimaurerei ist ein Geheimbund zur gegenseitigen Vorteilsgewährung.

Antwort: Dieses Vorurteil ist weit verbreitet, besonders in Großbritannien und den USA, wo man oft von einem „Freimaurerfilz" spricht. Bruder W. W. räumt jedoch ein: Ja, es **gibt** gelegentlich Brüder, die sich unredlich verhalten und den brüderlichen Rahmen missbrauchen – das ist aber **nicht das Prinzip** der Freimaurerei, sondern dessen **Verletzung**. Die Freimaurerei ist eine **Wertegemeinschaft**, kein Netzwerk für persönliche Bereicherung. Die Grenze zwischen Brüderlichkeit und Vorteilsnahme wird durch **Ehre und Anstand** gezogen.

2. Missverständnis: Jeder Freimaurer nutzt seine Mitgliedschaft für geschäftliche Vorteile.

Antwort: Dieses Bild wird von Außenstehenden genährt, die Loge mit Service-Clubs verwechseln. Die Freimaurerei **dient nicht dem Zweck geschäftlicher Förderung**. Zwar entstehen freundschaftliche Kontakte, doch **eine sachlich nicht gerechtfertigte Bevorzugung** ist **Missbrauch** und wird als *Geschäftsmaurerei* ausdrücklich verurteilt.

3. Missverständnis: Die Freimaurerei ist gegen jede Form gegenseitiger Hilfe.

Antwort: Nein – im Gegenteil! Die **brüderliche Hilfeleistung ist Pflicht**. Bruder W. W. betont: Es wäre **feige und unethisch**, einem Bruder Hilfe zu verweigern, nur um nicht in den Verdacht der Geschäftsmaurerei zu geraten. Die Kunst liegt in der **Unterscheidung** zwischen gerechtfertigter Hilfe und unzulässiger Begünstigung. Es braucht moralisches Urteilsvermögen – manchmal unter Einbeziehung älterer Brüder oder des ehrwürdigen Meisters vom Stuhl.

4. Missverständnis: Alle Freimaurer sind moralisch unfehlbar.

Antwort: Bruder W. W. widerspricht dieser Vorstellung ausdrücklich: Freimaurer sind **Menschen wie alle anderen**, mit Schwächen und Irrtümern. Aber sie **streben bewusst nach sittlicher Vervollkommnung**. In zwei Punkten sollen sie sich abheben: 1) durch uneigennützige Freundschaft, 2) durch überlegte, ethisch verantwortliche Handlungen.

5. Missverständnis: Die Freimaurerei ist unzugänglich und elitär.

Antwort: Die Rituale, Zeichen und brüderliche Gemeinschaft **wirken für Außenstehende oft geheim-**

nisvoll – das erzeugt Misstrauen. Doch das „Unver-mittelbare" des rituellen Erlebnisses ist **kein Aus-schlussprinzip**, sondern Ausdruck einer **inneren Erfahrung**, die individuell wirkt. Die Freimaurerei ist keine Elite, sondern eine **ethisch motivierte Lebensschule**, offen für Suchende, die sich selbst hinterfragen.

6. Missverständnis: Freundschaft unter Brüdern ist mit geschäftlicher Integrität unvereinbar.

Antwort: Auch dies ist zu einseitig. Der Text unterscheidet fein zwischen **freundschaftlich-soli-darischem Verhalten**, das ethisch erlaubt und gewünscht ist, und **einseitiger Bevorzugung oder gar Rechtsbruch**, die das Wesen der Freimaurerei per-vertieren. Die Lösung liegt nicht im Verbot von Hilfe, sondern in der **klugen Grenzziehung** und ethischen Selbstkontrolle.

Empfehlungen für einen Bruder Freimaurer:

1. Missbrauche niemals die brüderliche Verbindung zu deinem Vorteil.

Begründung: Geschäftsmaurerei ist ein Missbrauch des brüderlichen Vertrau-ens. Sie beginnt dort, wo Bevorzugung sachlich nicht gerechtfertigt ist – besonders, wenn sie **unzulässig oder gar rechtswidrig** wird.

Empfehlung: Vermeide es, die Loge als Karriereplattform, Netzwerk für Gefälligkeiten oder Mittel zur Vorteilnahme zu betrachten. Prüfe deine Motive stets kritisch.

2. Sei ehrlich gegenüber dir selbst und deinen Brüdern.

Begründung: Die Grenze zwischen ehrlicher Hilfe und Vorteilsnahme ist dünn.

Empfehlung: Wenn du unsicher bist, ob dein Verhalten oder ein Wunsch korrekt ist, ziehe das Gespräch mit einem älteren Bruder oder dem **ehrwürdigen Meister vom Stuhl** hinzu. Klare, offene Kommunikation schützt vor Fehlverhalten und Missdeutung.

3. Stehe zur Hilfeleistung – aber mit Maß und Unterscheidung.

Begründung: Die Verpflichtung zur brüderlichen Hilfe ist Teil des Rituals.

Empfehlung: Hilf deinem Bruder mit **Rat und Tat**, wenn er dich darum bittet – aber **ohne dabei Unrecht zu begehen oder andere zu benachteiligen.** Hilfe bedeutet nicht automatische Bevorzugung.

4. Vermeide Feigheit unter dem Deckmantel von Prinzipien.

Begründung: Es ist eine Verfälschung des freimaurerischen Ethos, sich aus Angst vor dem Vorwurf der Geschäftsmaurerei jeglicher Hilfeleistung zu entziehen.

Empfehlung: Handle nicht aus falscher Vorsicht – sondern mit **mutiger, überlegter Brüderlichkeit.**

5. Pflege deine Ehre und deinen Anstand.

Begründung: Ehre und Anstand sind laut Text die **Grenzlinie** zwischen Freimaurerei und Geschäftsmaurerei.

Empfehlung: Verhalte dich so, dass du dir selbst und deinem Bund **mit gutem Gewissen in die Augen sehen kannst** – auch wenn keine äußere Kontrolle besteht.

6. Erkenne und akzeptiere die Fehlbarkeit aller – auch deine eigene.

Begründung: Freimaurer sind keine moralischen Übermenschen. Sie unterscheiden sich nur in zwei Dingen: 1) Sie handeln **freundschaftlich und uneigennützig**, 2) und sie **überlegen**, bevor sie handeln.

Empfehlung: Sei nicht überheblich. Übe Selbstkritik und arbeite stetig an deiner sittlichen Reifung.

7. Sprich offen über Missstände, statt sie unter den Teppich zu kehren.

Begründung: Scham oder Peinlichkeit über das Fehlverhalten einzelner darf nicht zur Verleugnung führen.

Empfehlung: Tritt für Transparenz ein. Nur wenn Brüder über Irrwege sprechen, kann der Bund gereinigt und gestärkt werden.

8. Verhalte dich so, dass du der Welt ein gutes Bild der Freimaurerei vermittelst.

Begründung: Außenstehende neigen zum Misstrauen gegenüber geheimnisvollen Gemeinschaften.

Empfehlung: Lebe so, dass dein Verhalten **ein Zeugnis für Humanität, Toleranz und Uneigennützigkeit** ist – ohne dich rechtfertigen zu müssen.

9. Wähle stets den Weg der Selbstverbesserung statt der Fremdveränderung.

Begründung: Freimaurer wollen die Welt verbessern, indem sie bei sich selbst anfangen – im Gegensatz zu Ideologien, die den Menschen von außen ändern wollen.

Empfehlung: Richte den Blick zuerst nach innen. Dein Wandel ist der erste Baustein einer besseren Welt.

10. Erkenne die Loge als Übungsfeld, nicht als Schonraum.

Begründung: Auch Freimaurer sind fehlbare Menschen. Die Loge ist kein moralisches Schutzgebiet für Selbstgerechte, sondern ein Raum zur stetigen Selbstveredelung.

Empfehlung: Nutze die Arbeit in der Loge zur kritischen Selbstreflexion und charakterlichen Läuterung. Bleibe lernbereit und demütig – auch und gerade gegenüber deinen eigenen Schwächen.

11. Entscheide dich bewusst für Brüderlichkeit – jeden Tag neu.

Begründung: Wahre Brüderlichkeit entsteht nicht durch Mitgliedschaft, sondern durch tägliches ethisches Handeln.

Empfehlung: Handle brüderlich nicht aus Gewohnheit, sondern aus Überzeugung. Prüfe dein Verhalten regelmäßig: Entspricht es wirklich dem Geist der Brüderlichkeit – oder folgt es einer verdeckten Erwartung auf Gegennutzen?

12. Verwechsele rituelle Ergriffenheit nicht mit moralischer Autorität.

Begründung: Rituale schaffen emotionale Tiefe, doch sie ersetzen nicht das sittliche Urteil.

Empfehlung: Trage die Kraft des Rituals in den Alltag – aber prüfe deine Entscheidungen dort mit klarem Verstand und ethischer Nüchternheit. Verwechsle Empfindung nicht mit Rechtfertigung.

13. Lege dein freimaurerisches Ethos im profanen Leben offen.

Begründung: Die eigentliche Bewährungsprobe des freimaurerischen Ideals liegt im Alltag, nicht im Tempel.

Empfehlung: Sei außerhalb der Loge ein Vorbild für Integrität, Gerechtigkeit und Besonnenheit – ohne Pathos, aber mit

Haltung. Zeige durch dein Verhalten, was Freimaurerei im Innersten bedeutet.

14. Gehe verantwortlich mit Nähe, Vertrauen und Macht um.

Begründung: Brüderlichkeit schafft Vertrauen – doch Vertrauen ist auch anfällig für Missbrauch.

Empfehlung: Missbrauche nie das in dich gesetzte Vertrauen für persönliche Zwecke. Sei dir stets bewusst: Je enger die Bindung, desto größer deine Verantwortung für ethisches Handeln.

15. Verschweige Fehlverhalten nicht aus falscher Rücksicht.

Begründung: Scham darf nicht zur Verdrängung führen. Nur das Offenlegen von Fehlentwicklungen schützt den Bund.

Empfehlung: Sprich über Fehlverhalten offen, sachlich und ohne Anklage. Kritik in Liebe ist ein Dienst an der Loge und eine Pflicht gegenüber dem maurerischen Ideal.

16. Lerne, zwischen Hilfe und Bevorzugung zu unterscheiden.

Begründung: Die Grenze zwischen berechtigter Hilfeleistung und unzulässiger Vorteilsgewährung ist schmal.

Empfehlung: Übe dich in ethischer Unterscheidungskraft. Frage dich: Gilt meine Hilfe dem Menschen – oder seiner Position? Würde ich einem Außenstehenden dasselbe gewähren?

17. Verstehe die Freimaurerei als ethische Alternative zur Nutzenorientierung.

Begründung: Die Freimaurerei ist keine Zweckgemeinschaft. Sie basiert auf ethischer Haltung, nicht auf Leistung oder Verwertbarkeit.

Empfehlung: Begegne deinen Brüdern nicht nach dem Maßstab des Nutzens, sondern in aufrichtiger Achtung ihrer Würde als Menschen. Der Bruder ist kein Mittel zum Zweck.

18. Beginne jede Verbesserung der Welt bei dir selbst.

Begründung: Die Freimaurerei verfolgt keine Utopie der äußeren Weltveränderung, sondern den Weg der inneren Wandlung des Einzelnen.

Empfehlung: Nimm deinen eigenen Charakter als ersten Arbeitsstein am Tempel der Menschheit. Jede sittliche Verbesserung beginnt in deinem Herzen, in deinem Wort, in deiner Tat.

Das freimaurerische Ritual.

Die Formen, die Bräuche, bilden in einem so hohen Grade das Lebenselement unserer Brüderschaft, dass ohne sie das Wesen der Freimaurerei nicht verstanden und nicht gewürdigt werden kann. Diese Bräuche reichen in eine lange Vergangenheit zurück (Quelle: August Horneffer, Das Brauchtum der Freimaurer, S. 1).

Wozu dient den Freimaurern das Ritual?

Durch ein Ritual wird der feierliche Ablauf des Geschehens im Tempel genau festgelegt. Es vermittelt die freimaurerische Lehre in besonderer Form, vor allem in Symbolen und symbolischen Handlungen sowie in Wechselgesprächen zwischen dem Meister vom Stuhl und den beiden Aufsehern. - Das in der Tempelarbeit verwendete Ritual stärkt die Individualität des Bruders, entfaltet seine Persönlichkeit und führt ihn zum besseren Verständnis seines

Lebens. Die freimaurerischen Rituale der Johannis-
maurerei sind in der ganzen Welt nach Form und In-
halt sehr ähnlich und können deshalb von jedem
Bruder, auch anderer Sprachen und Obödienzen,
verstanden werden. Im Ritual umschließt ein geistig
seelisches Band alle Maurer und verbindet sie auch
über die Landes-grenzen hinaus. Deshalb können sie
sich in allen Logen der Erde zu Hause fühlen (Quelle:
Reinhold Dosch, Deutsches Freimaurer Lexikon, S.
239).

Gibt es noch mehr zu verstehen?

Die Freimaurerei ist eine Gemeinschaft, in deren Mit-
telpunkt eine geistige Neugeburt des Menschen
steht. Es geht um einen Reifeprozess, um einen psy-
chischen, innermenschlichen Vorgang, um eine Initia-
tion. Um das zu erreichen, hat die Freimaurerei eine
besondere Methode entwickelt, die die Selbstfin-
dung, die Individuation des Menschen durch ritual-
mäßige Wiederholung und gradmäßige Steigerung in
Gang bringt.

(...) Ein Ritual erschließt sich natürlich nur dem, der
bereit ist, es zu erleben. Es zeigt sich gewissermaßen
als ein Gefäß für einen Inhalt, der über alle Länder,
alle Völker und alle Zeiten hinweggetragen wurde
und auch weitergetragen werden soll (Quelle:
Wolfgang Wenng, Freimaurerei, eine Philosophie der
Menschlichkeit, S. 21/22).

Woher kommen die Rituale der Freimaurer?

Die dem Initiationsvorgang zugrunde liegenden Rituale sind aus dem Brauchtum der mittelalterlichen Logen der Steinmetzen und Dombauer entstanden, auf die sich die Logen der heutigen Freimaurerei zurückführen können. Im Laufe der Jahrhunderte sind hier Zeichen, Formen und Inhalte geistesgeschichtlicher Entwicklung des Menschen in ein Lehrgebäude eingegangen, das die vielseitige Geistigkeit des Menschen widerspiegelt: Sie verschmelzen zu einem Abbild lebendigen Geschehens bei jedem Einzelnen ebenso wie bei der gesamten Menschheit (Quelle: DOR, Wegweiser zur Freimaurerei, S. 14).

Hieraus ergibt sich zusammenfassend:

1. Wesen und Bedeutung des Rituals

- **Zentraler Bestandteil der Freimaurerei:**
  Formen und Bräuche sind das **Lebenselement** der Brüderschaft. Ohne das Ritual ist das **Wesen der Freimaurerei nicht zu verstehen**.

- **Traditionelle Verwurzelung:**
  Die freimaurerischen Bräuche reichen in eine **lange Vergangenheit** zurück und wurzeln im Brauchtum mittelalterlicher Steinmetzlogen.

2. Funktion des Rituals

- **Festlegung des Tempelgeschehens:**
  Das Ritual regelt den **feierlichen Ablauf** der Tempelarbeit – etwa durch **Wechselgespräche** zwischen dem Meister vom Stuhl und den Aufsehern.

- **Vermittlung freimaurerischer Lehre:**
  Lehren werden **symbolisch** und durch **symbolische Handlungen** vermittelt, nicht abstrakt oder belehrend.

- **Individuelle Wirkung:**
  Das Ritual **stärkt die Individualität**, fördert die **Persönlichkeitsentfaltung** und führt zu einem tieferen **Verständnis des eigenen Lebens**.

3. Initiatorischer Charakter

- **Geistige Neugeburt:**
  Im Mittelpunkt steht die **Initiation** – ein innerer Reifeprozess, der zur **Selbstfindung** und **Individuation** führt.

- **Wiederholung und Steigerung:**
  Die Entwicklung erfolgt durch **ritualmäßige Wiederholung** und **gradmäßige Steigerung** – also stufenweise vertiefte Erkenntnis.

4. Universelle Gültigkeit

- **Überregionale Verständlichkeit:**
  Die Rituale der Johannismaurerei sind weltweit **ähnlich** und dadurch für Brüder unterschiedlicher Sprachen und Obödienzen **zugänglich**.

- **Verbindende Kraft:**
  Das Ritual schafft ein **geistig-seelisches Band** unter allen Freimaurern weltweit – unabhängig von Sprache, Nation oder Herkunft.

- **Zeitübergreifender Inhalt:**
  Das Ritual ist ein **Gefäß für einen transzendierenden Inhalt**, der über **Länder, Völker und Zeiten** hinweg wirkt.

5. Ursprung und geistiger Gehalt

- **Herkunft:**
  Die Rituale stammen aus dem **Brauchtum der Bauhütten** – insbesondere von **Dombau- und Steinmetzlogen** des Mittelalters.

- **Geistesgeschichtliche Spiegelung:**
  In den Ritualen haben sich im Laufe der Jahrhunderte **geistige Entwicklungen** der Menschheit niedergeschlagen.

- **Menschheitssymbolik:**
  Das Ritual ist zugleich **individuelles und kollektives Abbild lebendigen Geschehens** – im Menschen wie in der Geschichte der Menschheit.

Das freimaurerische Ritual ist weit mehr als ein formaler Ablauf oder eine symbolische Zeremonie – es ist das **lebendige Herz der Freimaurerei**, der **seelische Träger ihrer Inhalte**, der **geistige Raum ihrer Sinnvermittlung**. Wer das Ritual begreift, erkennt: Die Freimaurerei existiert nicht ohne es – und nur durch es wird sie zur wirksamen Schule ethischer, spiritueller und persönlicher Entwicklung.

Im Ritual verbinden sich Ursprung und Ziel: Die **mittelalterliche Bauhüttenpraxis** lebt darin ebenso fort wie die **moderne Idee der inneren Vervollkommnung des Menschen**. Es ist sowohl **Tradition** als auch **Transformation**. Wer in das Ritual eintritt, betritt einen Raum, in dem **Zeit, Kultur, Herkunft und Sprache aufgehoben** werden – zugunsten eines gemeinsamen geistigen Bandes, das alle Freimaurer der Welt miteinander verbindet.

Das Ritual wirkt nicht, weil man es rational versteht, sondern weil man es **erlebt**, **wiederholt**, **durchschreitet**. Es verlangt **Teilnahme**, nicht nur Teilnahme. Es offenbart seine Tiefen nur demjenigen, der bereit ist, **mitzuwirken**, sich zu **wandeln**, sich **berühren zu lassen**.

a) Das Ritual nach Prichard, von 1730:

Beschreibung der Aufnahme (Fragen 11 – 24).

11. Frage: Wo sind Sie zum Freimaurer gemacht worden?
Antw.: In einer gerechten und vollkommenen Loge.
12. Frage: Was macht eine gerechte und vollkommene Loge?
Antw.: Sieben oder mehr.
13. Frage: Woraus bestehen sie?
Antw.: Aus einem Meister, zwei Aufsehern, zwei Gesellen und zwei Lehrlingen.
14. Frage: Was macht eine Loge?
Antw.: Fünf.
15. Frage: Woraus bestehen Sie?
Antw.: Aus einem Meister, zwei Aufsehern, einem Gesellen und einem Lehrling.
16. Frage: Wer brachte Sie zur Loge?
Antw.: Ein Lehrling.
17. Frage: Wie brachte er Sie dorthin?
Antw.: Weder nackt noch bekleidet (weder) barfuß noch beschuht, alles Metalls beraubt und in einer geraden sich bewegenden Stellung.
18. Frage: Wie erlangten Sie Einlass?
Antw.: Durch drei starke Schläge.
19. Frage: Wer empfing Sie?

Antw.: Der Jüngere Aufseher.

20. Frage: Was nahm er mit Ihnen vor?

Antw.: Er führte mich in den nordöstlichen Teil der Loge und brachte mich wieder nach Westen zurück und übergab mich dem älteren Aufseher.

21. Frage: Was machte der Ältere Aufseher mit Ihnen?

Antw.: Er stellte mich dem Meister dar und zeigte mir, wie ich mit drei Schritten zu ihm herangehen müsste.

22. Frage: Was machte der Meister mit Ihnen?

Antw.: Er machte mich zum Maurer.

23. Frage: Wie machte er Sie zum Maurer?

Antw.: Mit dem bloßen gebeugten Knie und dem Leibe innerhalb des Winkelmaßes, den Zirkel auf die linke Brust gespannt, die bloße rechte Hand auf der heiligen Bibel; da legte ich die Verpflichtung (oder den Eid) eines Maurers ab.

24. Frage: Können Sie diese Verpflichtung wiederholen?

Antw.: Ich will mir Mühe geben. (Dieselbe ist folgende:) Ich gelobe und schwöre hiermit feierlich in Gegenwart des allmächtigen Gottes und dieser Sehr Ehrwürdigen Versammlung, dass ich die Geheimnisse oder Heimlichkeit der Maurer oder Maurerei, welche mir werden offenbart werden, verhehlen und verheimlichen und nie offenbaren will, es sei denn einem wahren und gesetzmäßigen

Bruder nach gehöriger Prüfung oder in einer gerechten und Ehrwürdigen Loge von rechtmäßig versammelten Brüdern und Genossen.

Ich verspreche und schwöre ferner, dass ich sie nicht schreiben, drucken, zeichnen, stechen oder eingraben oder veranlassen will, dass sie geschrieben, gedruckt, gezeichnet, gestochen oder eingegraben werden auf Holz oder Stein, so dass möglicherweise der sichtbare Schriftzug oder Eindruck eines Buchstabens erscheint, wodurch es ungesetzmäßig erlangt werden kann.

Alles dieses bei keiner geringeren Strafe, als dass mir die Kehle durchschnitten, mir die Zunge aus dem Gewölbe des Mundes genommen, mir das Herz aus der linken Brust gerissen, dann im Sande des Meeres begraben werde, eines Kabeltaues Länge vom Ufer, wo das Meer in 24 Stunden zweimal ebbt und flutet, mein Leib zu Asche verbrannt, meine Asche auf der Oberfläche der Erde zerstreut werde, so dass keine Erinnerung an mich unter Maurern vorhanden sein soll.

Der Gesellengrad (Fragen 1 – 24).

1. Frage: Sind Sie ein Geselle?
Antw.: Ich bin es.
2. Frage: Warum sind Sie zum Gesellen gemacht worden?
Antw.: Wegen des Buchstabens G.
3. Frage: Was bedeutet jenes G?

Antw.: Geometrie oder die fünfte Wissenschaft.

4. Frage: Sind Sie je gereist?

Antw.: Ja, Ost und West.

5. Frage: Haben Sie je gearbeitet?

Antw.: Ja, bei dem Bau des Tempels.

6. Frage: Wo haben Sie Ihren Lohn empfangen?

Antw.: In der mittleren Kammer.

7. Frage: Wie kamen Sie zu der mittleren Kammer?

Antw.: Durch die Halle.

8. Frage: Als Sie durch die Halle kamen, was sahen Sie da?

Antw.: Zwei große Säulen.

9. Frage: Wie heißen dieselben?

Antw.: J . B. d. h. Jachin und Boas.

10. Frage: Wie hoch sind sie?

Antw.: Achtzehn Ellen.

11. Frage: Wieviel im Umfange?

Antw.: Zwölf Ellen.

12. Frage: Womit waren sie geziert?

Antw.: Mit zwei Kapitälern.

13. Frage: Wie hoch waren die Kapitäler?

Antw.: Fünf Ellen.

14. Frage: Womit waren diese geziert?

Antw.: Mit Netzwerk und Granatäpfeln.

15. Frage: Wie kamen Sie zu der mittleren Kammer?

Antw.: Durch eine Wendeltreppe.

16. Frage: Wieviele Stufen?

Antw.: Sieben oder mehr.

17. Frage: Warum sieben oder mehr?

Antw.: Weil sieben oder mehr eine gerechte und vollkommene Loge machen.

18. Frage: Als Sie zur Tür der mittleren Kammer kamen, wen sahen Sie da?

Antw.: Einen Aufseher.

19. Frage: Was forderte er von Ihnen?

Antw.: Dreierlei.

20. Frage: Was war das?

Antw.: Zeichen, Merkmal und ein Wort.

- Das Zeichen ist, wenn man die rechte Hand auf die linke Brust legt; das Merkmal ist, wenn man seine linke Hand demjenigen, der es fordert, gibt und mit dem Ballen des Daumens auf den ersten Knöchel seines Mittelfingers drückt; und das Wort ist Jachin.

21. Frage: Wie hoch war die Tür der mittleren Kammer?

Antw.: So hoch, dass ein Pfuscher nicht hinreichen konnte, um eine Stecknadel einzustecken.

22. Frage: Als Sie zu der Mitte kamen, was sahen Sie da?

Antw.: Die Ähnlichkeit des Buchstaben G.

23. Frage: Was bedeutet jenes G?

Antw.: Einen, der größer ist, als Sie.

24. Frage: Wer ist größer als ich, der ich ein freier und angenommener Maurer, der Meister einer Loge bin?

Antw.: Der Große Baumeister und Ersinner des Weltalls, oder derjenige, welcher auf die Zinnenspitze des heiligen Tempels erhoben wurde.

Die Hiramlegende und Meistererhebung
(Fragen 9 – 24).

9. Frage: Wohin gehen Sie?

Antw.: Nach Westen.

10. Frage: Was wollen Sie dort tun?

Antw.: Das suchen, was verloren war und jetzt gefunden ist.

11. Frage: Was war das, was verloren war und jetzt gefunden ist?

Antw.: Das Meistermaurerwort.

12. Frage: Wie wurde es verloren?

Antw.: Durch drei starke Schläge oder den Tod unseres Meisters Hiram.

13. Frage: Wie ging es mit seinem Tode zu?

Antw.: Beim Bau von Salomo's Tempel war er Meistermaurer, und um hoch 12 des Mittags, als die Leute gegangen waren, sich zu erfrischen, kam er, wie sein gewöhnlicher Brauch war, um die Arbeiten zu besichtigen. Und als er in den Tempel getreten war, waren da drei Bösewichter, von denen man annimmt, dass es drei Gesellen waren, (die hatten) sich an den drei Eingängen des Tempels aufgestellt. Und als er herauskam, forderte einer das Meisterwort von ihm, und er erwiderte, er hätte es nicht auf solche Weise erhalten, aber Zeit und ein wenig Geduld würden ihn dahin bringen. Jener, mit dieser Antwort nicht zufrieden, gab ihm einen Schlag, der ihn zum Taumeln brachte. Er ging zu dem anderen Tor, wo er auf dieselbe Weise angeredet wurde, und als er dieselbe Antwort gab, erhielt er einen stärkeren Schlag, und bei dem dritten (Tor) den Garaus.

14. Frage: Womit töteten ihn die Bösewichter?

Antw.: Mit einem Spitzhammer, einer Setzwaage und einem Schlegel.

15. Frage: Was machten sie weiter mit ihm?

Antw.: Sie trugen ihn zur westlichen Tür des Tempels hinaus und verbargen ihn unter etwas Schutt bis wieder hoch zwölf.

16. Frage: Welche Zeit war das?

Antw.: Hoch Zwölf des Nachts, während die Leute zur Ruhe waren.

17. Frage: Was taten sie später mit ihm?

Antw.: Sie trugen ihn bis auf die Spitze des Hügels, wo sie ein anständiges Grab machten und ihn begruben.

18. Frage: Wann wurde er vermisst?

Antw.: An demselben Tage.

19. Wann wurde er gefunden?

Antw.: Fünfzehn Tage nachher.

20. Frage: Wer fand ihn?

Antw.: Fünfzehn liebende Brüder gingen auf Befehl des Königs Salomo aus der westlichen Tür des Tempels und teilten sich von rechts nach links in Rufweite von einander. Und sie kamen überein, dass, wenn sie das Wort nicht in ihm oder an ihm fänden, das erste Wort das Meisterwort sein sollte.

Einer der Brüder, der müder als die übrigen war, setzte sich nieder, um sich auszuruhen, und indem er einen Strauch fasste, der leicht in die Höhe kam, und bemerkte, dass der Boden aufgegraben worden war, rief er seinen Brüdern zu. Und als sie ihr Suchen fortsetzten, fanden sie ihn anständig beerdigt in einem hübschen Grabe, 6 Fuß (nach) Osten, 6 Fuß (nach) Westen und 6 Fuß senkrecht; und seine Decke war grünes Moos und Rasen.

Dies setzte in Erstaunen, worauf sie eerwiderten: Muscus Domus Dei Gratia. Sodann deckten sie ihn dich zu und als weiterer Schmuck steckten sie einen Zweig Cassia zu Häupten des Grabes und gingen und benachrichtigten den König Salomo.

21. Frage: Was sagte der König Salomo zu allem diesen?
Antw.: Er ließ ihn aufnehmen und anständig begraben und befahl, dass fünfzehn Gesellen mit weißen Handschuhen und Schürzen seinem Begräbnis beiwohnen sollten.
22. Frage: Wie wurde Hiram erhoben?
Antw.: Wie alle anderen Maurer, wenn sie das Meisterwort empfangen.
23. Frage: Wie geschah das?
Antw.: Durch die fünf Punkte der Gesellenschaft.
24. Frage: Welche sind dieselben?
Antw.: Hand an Hand, Fuß zu Fuß, Wange zu Wange, Knie zu Knie und Hand zum Rücken.

Historischer Hintergrund

Samuel Prichard war ein Freimaurer, der 1730 das Werk *Masonry Dissected* veröffentlichte – die erste umfassende Veröffentlichung freimaurerischer Rituale in Frage-und-Antwort-Form. Sie enthält:

- das Aufnahmeverfahren in den **Lehrlingsgrad**,

- die Aufnahme in den **Gesellengrad**,

- die erste bekannte **Legende von Hiram Abiff** (Meistergrad).

Prichards Text reflektiert die **operative Herkunft** der Freimaurerei (Bauhütten-Tradition), enthält aber auch bereits **spekulative Elemente** (moralisch-symbolische Deutungen). Sein Werk beeinflusste maßgeblich die Ritualentwicklung der modernen englischen und kontinentalen Maurerei.

Aus dem Ritualtext von **Samuel Prichard** (*Masonry Dissected*, 1730) lässt sich ein **prägnantes, frühaufklärerisch geprägtes Freimaurerbild** ableiten, das in seiner Mischung aus **operativer Herkunft**, **symbolischer Tiefe** und **ethischer Verpflichtung** den Übergang von der mittelalterlichen Bauhütte zur spekulativen Freimaurerei markiert.

b) Das alte Gebet bei der Aufnahme.

Von 1762 (Jachin & Boaz):

O Herr, Gott, du großer und allgemeine maurer der Welt und erster Erbauer des Menschen als gleichsam eines Tempels, sei mit uns, o Herr, wie Du verheißen hast, wenn zwei oder drei versammelt sind in deinem Namen, du wolltest mitten unter ihnen sein. Sei mit uns, o Herr, und segne alle unsere Unternehmungen und gib, dass dieser unser Freund ein treuer Bruder werde. Lass Gnade und Friede ihm vielfältig zu teil werden, durch die Erkenntnis unseres Herrn Jesus Christi; und gib, o Herr, dass, wie er seine Hand ausstreckt zu deinem heiligen Wort, er auch seine Hand ausstrecken möge, einem Bruder zu dienen, ohne sich oder seine Familie zu schädigen; damit, wodurch uns große und kostbare Verheißung gegeben werden kann, wir dadurch teilhaftig werden deiner göttlichen Natur, nachdem wir der Verderbnis entronnen sind, die infolge der bösen Lust in der Welt ist. - O Herr Gott, füge zu unserem Glauben Tugend, und zur Tugend Erkenntnis, und zur Erkenntnis Mäßigung, und zur Mäßigung Klugheit, und zur Klugheit Geduld, und zur Geduld Frömmigkeit, und zur Frömmigkeit brüderliche Liebe, und zur brüderlichen Liebe allgemeine Liebe; und gib, o Herr, dass die Maurerei gesegnet sei auf der ganzen Welt, und dein Friede sei auf uns, o Herr; und gib, dass wir alle wie

Einer vereinigte werden, durch Jesum Christum, welcher lebt und regiert in Ewigkeit. Amen.

Das Freimaurerbild nach dem Gebet der „Alten Maurer" (Antient Masons) von 1762:

1. Der Freimaurer als geistiger Tempel Gottes

> *„Du großer und allgemeiner Maurer der Welt und erster Erbauer des Menschen als gleichsam eines Tempels"*

Deutung: Der Mensch wird als **Tempel Gottes** begriffen – eine zentrale freimaurerische Idee, die den Bau am eigenen Ich als sakrale Arbeit versteht. Der Freimaurer ist also nicht bloß ein Ethiker, sondern ein **geistiger Baulehrling**, dessen Werk sich an einem göttlichen Ideal orientiert.

2. Der Freimaurer als Teil einer rituellen Gemeinschaft im Namen Gottes

> *„Wenn zwei oder drei versammelt sind in deinem Namen, du wolltest mitten unter ihnen sein."*

Deutung: Die Loge wird als geistliche Versammlung gedeutet, in der Gott **real gegenwärtig** ist – analog zur neutestamentlichen Verheißung (Matthäus 18,20). Damit wird jede freimaurerische Handlung in einen **sakralen, überzeitlichen Raum** gestellt.

3. Der Freimaurer als Bruder im Dienste am Nächsten

„...seine Hand ausstrecken möge, einem Bruder zu dienen, ohne sich oder seine Familie zu schädigen"

Deutung: Brüderlichkeit wird hier nicht romantisch, sondern **praktisch-ethisch** verstanden: Ein Freimaurer hilft, wo er kann – aber **in Verantwortung gegenüber sich selbst und seiner Familie**. Die Brüderlichkeit ist also **geordnete, verantwortliche Nächstenliebe**.

4. Der Freimaurer als Teilhaber an göttlicher Natur

„...wir dadurch teilhaftig werden deiner göttlichen Natur, nachdem wir der Verderbnis entronnen sind..."

Deutung: Der Freimaurer strebt nach **geistiger Vergeistigung**, nach Läuterung, nach innerer Teilhabe am Göttlichen. Dies geschieht durch das **Ablegen niederen Begehrens** und das bewusste Hineinwachsen in eine höhere Lebensordnung. Ein fast **theosis-artiger Gedanke**, inspiriert vom 2. Petrusbrief (1,4).

5. Der Freimaurer als Tugendträger

*„Füge zu unserem Glauben Tugend, und
zur Tugend Erkenntnis…"*

Deutung: Ein systematischer **Stufenweg ethischer Vervollkommnung** wird skizziert:

- **Glaube** → **Tugend** → **Erkenntnis** →
  Mäßigung → **Klugheit** → **Geduld** →
  Frömmigkeit → **brüderliche Liebe** →
  allgemeine Liebe
  Dies ist eine zutiefst **christlich-humanistische Tugendleiter**, die geistige Reife als Ergebnis eines inneren Prozesses darstellt.

6. Der Freimaurer als Werkzeug des Friedens

„…und dein Friede sei auf uns, o Herr"

Deutung: Frieden ist nicht nur Ziel, sondern Ausdruck der freimaurerischen Lebensweise. Der Freimaurer soll **Träger des inneren und äußeren Friedens** sein – nicht durch Macht, sondern durch Haltung.

7. Der Freimaurer als weltumspannendes Glied der Einigung der Menschheit

*„Gib, o Herr, dass die Maurerei geseg-
net sei auf der ganzen Welt... dass wir
alle wie Einer vereinigte werden..."*

Deutung: Hier wird das Bild einer **universalen, verbindenden Bruderschaft** gezeichnet – die Freimaurerei als geistige Brücke über Nationen, Religionen, Klassen hinweg. Ziel ist eine **Einheit der Menschheit** im Geist von Christus – verstanden als göttliches Prinzip der Einigung.

8. Der Freimaurer als Christ – oder als ethischer Monotheist?

*„...durch Jesum Christum, welcher lebt
und regiert in Ewigkeit."*

Deutung: Im historischen Kontext ist klar: Das Gebet geht von einer **christlichen Grundform** aus. Dennoch ist es bemerkenswert inklusiv – es geht nicht um Dogma, sondern um **moralische Nachfolge** und **tugendhafte Lebensführung** im Geiste Christi. Später wurde dieser explizite Bezug zugunsten eines allgemeineren Gottesbildes („Allmächtiger Baumeister der Welt") abgeschwächt, um interreligiöse Öffnung zu ermöglichen.

Das *Gebet bei der Aufnahme*, überliefert in der freimaurerischen Schrift **„Jachin & Boaz"** aus dem Jahr **1762**, gibt tiefe Einblicke in das religiös-moralische Selbstverständnis jener Freimaurer, die sich im 18. Jahrhundert als die **„Antient Masons"** (Alte Maurer) verstanden und von denen sich die aus Amerika stammende Bezeichnung „Alte" (Ancient) in „Alte Freie und Angenommene Maurer" (Ancient Free and Accepted Masons) herleitet. Dieses Gebet steht exemplarisch für eine formative Phase der Freimaurerei, in der **christliche Frömmigkeit, moralischer Universalismus und symbolische Anthropologie** miteinander verschmolzen.

Die „Antients" bildeten sich in Abgrenzung zur **Premier Grand Lodge of England** (den „Moderns") und vertraten eine rituell konservativere und theologisch deutlichere Praxis. Ihr Ritual war stark geprägt von der Überlieferung früher Werkmaurerei und beinhaltete ein explizites religiöses Element, das im Gebet zur Aufnahme besonders klar hervortritt.

1. Der Mensch als geistiger Tempel

Die Anrufung Gottes als *„großer und allgemeiner Maurer der Welt"* und als *„erster Erbauer des Menschen als eines Tempels"* zeigt, dass der Mensch nicht einfach nur ein Teil der Schöpfung ist, sondern in seinem **Inneren ein Heiligtum**, das durch freimaurerische Arbeit geformt und gereinigt werden soll. Der Freimaurer wird damit zu einem **Baulehrling Gottes**, der an sich selbst wirkt.

2. Die Loge als sakraler Versammlungsort

Das Gebet betont die Gegenwart Gottes im rituellen Raum: *„Wenn zwei oder drei versammelt sind in deinem Namen...".* Damit wird die Loge zum **geistlich-konsekrativen Ort**, in dem das Ritual nicht bloße Symbolhandlung ist, sondern **ein realer Bund zwischen Mensch und Gott**.

3. Brüderlichkeit als ethisches Prinzip

Die im Gebet formulierte Bitte, der Aufzunehmende möge „einem Bruder dienen, ohne sich oder seine Familie zu schädigen", offenbart ein ethisches Konzept der Brüderlichkeit: Es ist keine romantische Idealisierung, sondern ein **praktisch verantwortetes Verhältnis**, das von Maß, Fürsorge und Abgrenzung getragen ist. Hier zeigt sich der Geist **christlicher Nächstenliebe in geordneter Form**.

4. Teilnahme an göttlicher Natur

Die Formulierung, der Mensch möge *„teilhaftig werden deiner göttlichen Natur",* entlehnt aus **2. Petrus 1,4**, weist auf einen **theologischen Initiationsgedanken** hin: Der Freimaurer wird nicht nur ethisch, sondern **ontologisch verwandelt**, indem er das Niedere ablegt und sich einer höheren Ordnung annähert – vergleichbar mit der christlichen Vorstellung von „Vergöttlichung durch Gnade" (Theosis).

5. Tugend als Entwicklungsweg

Die Tugendleiter, die im Gebet schrittweise entfaltet wird – *„Glaube, Tugend, Erkenntnis, Mäßigung, Klugheit, Geduld, Frömmigkeit, brüderliche Liebe, allgemeine Liebe"* – skizziert einen **inneren Stufenweg ethischer Reifung**, der von persönlichen Qualitäten zu einer **universellen Liebe** führt. Dies ist typisch für das ethische Ideal des 18. Jahrhunderts: **Selbsterziehung durch religiöse Reflexion**.

6. Der Freimaurer als Friedensstifter

Die Bitte um göttlichen Frieden, der auf die Loge und die Welt kommen möge, stellt den Freimaurer in eine **versöhnende Rolle**. Nicht durch Macht oder Zwang, sondern durch seine Haltung, durch seine Geduld, sein Maß und seine Klugheit soll er ein **Werkzeug des Friedens** sein.

7. Die Freimaurerei als Brücke zwischen den Völkern

Mit der Formulierung *„dass die Maurerei gesegnet sei auf der ganzen Welt... dass wir alle wie Einer vereinigte werden"* wird eine universale Vision gezeichnet: Die Freimaurerei als **Wertegemeinschaft über nationale, konfessionelle und soziale Grenzen hinweg**, gestiftet im Geiste Christi als Prinzip der inneren Einigung.

8. Christus als moralischer Bezugspunkt

Abgeschlossen wird das Gebet *„durch Jesum Christum, welcher lebt und regiert in Ewigkeit."* Auch wenn die späteren freimaurerischen Texte aus Gründen interreligiöser Offenheit auf explizit christliche Formeln verzichten, ist hier noch der **ursprünglich christlich-theologische Rahmen** spürbar. Christus erscheint jedoch **nicht als Dogma**, sondern als **Vorbild des vollkommenen Menschen**, als Inbegriff ethischer Vollendung und göttlicher Verbundenheit.

Die Alten Maurer des 18. Jahrhunderts verstanden die Freimaurerei als einen **sakralen, sittlich begründeten Lebensweg**, der vom christlichen Glauben inspiriert, aber nicht dogmatisch gebunden war. Der Freimaurer ist:

- **ein geistiger Baumeister am Tempel seiner selbst**,

- **ein Bruder im Dienst verantworteter Nächstenliebe**,

- **ein Suchender nach göttlicher Wahrheit**,

- **ein Träger ethischer Tugenden,**

- **ein Friedensstifter in einer zerrissenen Welt,**

- und **ein Teil einer universellen, gottgewollten Einigungsbewegung der Menschheit**.

Dieses Bild prägt die Ritualpraxis, das Selbstverständnis und die spirituelle Tiefe jener Strömung, die später maßgeblich zur **Regulierung (Regularität) der Freimaurerei** (unter der Vereinigten Großloge von England ab 1813) beitrug.

❧ ◆ ❧

Die Arbeitstafeln der
FREIMAURER.

a) Der Arbeitsteppich

Am 13. Mai 1994 gab das Ritualkollegium um Alfried Lehner (1939 – 2019) eine *Instruktion zum Ritual des Lehrlingsgrades* für das Ritual der *Alten Freien und Angenommenen Maurer von Deutschland* heraus. Darin heißt es: *Meine Brüder, die Arbeitstafel ist mehr als eine Schautafel der maurerischen Werkzeuge. Sie ist ein Sinnbild der Loge, der Bauplan des Tempels.*

Die meisten deutschen Logen verwenden bei ihren Arbeiten einen Arbeitsteppich, der während des Rituals aufgelegt wird. Er bildet das Zentrum des Tempels und wird mit den drei Säulen umstellt. Im Lehrlings-Ritual der Alten Freien und Angenommenen Maurer von Deutschland, beginnt die *Erklärung des Arbeitsteppichs* mit den Worten: *Früher war es üblich, dass die Lehrlinge zu Beginn einer Arbeit ein längliches Viereck mit Kreide auf den Fußboden zeichneten und in sein Inneres Werkzeuge und Symbole legten oder zeichneten. Hieraus wurde später unser Arbeitsteppich* (Quelle: Ritual 1, AFuAM, 2011).

Bluntschli erklärte in seinem Ritual das längliche Viereck mit den Worten: *Das längliche Viereck (...) stellt den Grundriss des salomonischen Tempels dar, welcher als Sinnbild diente, für den maurerischen Tempel der Humanität* (Quelle: I. Lehrlingsgrad, Ritual der GL „Zur Sonne", 1874).

Diese Grundform, das längliche Viereck, hat für die Freimaurerei eine zentrale Bedeutung und ist das bewahrte Erbe einer alten Tradition, die wiederum einen weitestgehend vergessenen Ursprung hat.

In einem im Jahr 1724 veröffentlichten englischen Fragestück (The Grand Mystery of the Free Masons Discover'd) wird auf die Frage, wie viele Winkel eine Johannis-Loge habe, geantwortet: *Vier, die im rechten Winkel zusammenstoßen.* Legt man vier Winkelmaße so aneinander, dass sie „im rechten Winkel" zusammenstoßen, dann ergibt sich daraus ein Kreuz. In diesem Fragestück wird erstmals die Form einer Bodenzeichnung beschrieben. Im Jahr 1719 veröffentlichte John Theophilus Desaguliers (1683 – 1744) zwei Bilder (die auch in Feddersens „Arbeitstafeln" abgebildet sind). Das Eine nannte er die *alte Form der Loge,* und das Andere, die *neue Form der Loge*. Die „alte Form" hatte den Grundriss eines gleichseitigen Kreuzes. Die „neue Form" war hingegen ein längliches Viereck.

Ursprünglich wurde also mit Kreide der Umriss eines gleichseitigen Kreuzes auf den Boden gezeichnet. In das Innere des Kreuzes wurden sodann drei Leuchter gestellt. In dem Manuskript von 1724 wird auf die Frage, was die drei Lichter in der Loge darstellen würden, geantwortet: *Die drei Personen, Vater, Sohn, und heiliger Geist.* Ursprünglich standen die drei Leuchter jeweils innerhalb der nach Norden, Süden und Westen weisenden Balkenenden. Die vier Winkel, die *im rechten Winkel* zusammenstoßen, wurden auch in das Emblem der „alten Maurer" (Ancient Masons) aufgenommen. Im Laufe der Zeit wurde die Aufstellung der Leuchter geändert. In dem Manuskript von 1724 sind die drei Lichter im Osten, Süden und Westen aufgestellt, so, wie es auch heute noch in England üblich ist. Die „alte Form" enthielt damals noch keine maurerischen Werkzeuge. In die Mitte des Kreuzes wurden eine Raute (verschobenes Viereck) und der Buchstabe „G" gezeichnet.

Die Tradition, ein längliches Viereck mit Kreide auf den Boden zu zeichnen und dort maurerische Werkzeuge hineinzulegen oder einzuzeichnen, ist damit aus einem noch älteren Brauchtum heraus entstanden. Zuerst gab es nur vier Werkzeuge die abgebildet wurden: Winkelmesser, Winkelmaß, Zirkel und Senkblei (Lot). In die Mitte des länglichen Vierecks wurden ein Kreis mit Flammen und der Buchstabe „G" gezeichnet.

Erst Samuel Prichard antwortet 1730 in seinem Lehrlings-Fragestück (Masonry Dissected, 1730) auf die Frage, welche Form die Loge habe: *Ein längliches Viereck*. Dort ist auch die Verzierung der Loge beschrieben, als: *Mosaisches Pflaster, der flammende Stern und die gezackte Einfassung*. Alle anderen Bilder, wie die Darstellung der beiden Säulen, Stufen, Tore, Fenster usw. sind erst später hinzugekommen.

Je nach verwendeter Lehrart arbeiten die deutschen Freimaurerlogen in der Regel mit **einheitlich gestalteten Arbeitsteppichen**. In vielen Fällen existiert **ein gemeinsamer Teppich für den Lehrlings- und Gesellengrad**, wobei die vollständige Deutung der darauf abgebildeten Symbole **erst im Gesellengrad**

vermittelt wird. Für den **Meistergrad** wird üblicherweise **ein gesonderter Arbeitsteppich** verwendet.

Für ein vertieftes Verständnis freimaurerischer Symbolik ist es empfehlenswert, insbesondere die **Arbeitsteppiche folgender Systeme zu kennen**:

- der **Großloge der Alten Freien und Angenommenen Maurer von Deutschland (AFuAM)**,

- des **Freimaurer-Ordens (Große Landesloge)**,

- sowie der **Großloge „Zu den drei Weltkugeln" (GNML 3WK)**.

Darüber hinaus lohnt sich ein vergleichender Blick auf den **Arbeitsteppich der Großen Loge „Royal York zur Freundschaft"**, da er wichtige Einblicke in die Symbolsprache der AFuAM vermittelt.

Zusätzliche Erkenntnisse zur Symbolik der „Weltkugel"-Teppiche lassen sich durch die Betrachtung der Arbeitsteppiche der **Strikten Observanz** sowie des **Rektifizierten Schottischen Ritus** (Rektifiziertes System) gewinnen.

Arbeitsteppich der Alten Freien und Angenommenen
Maurer von Deutschland:

Lehrlings- / Gesellen-Grad.

Arbeitsteppich der Alten Freien und Angenommenen
Maurer von Deutschland:

Meister-Grad.

Arbeitsteppich der Großen National-Mutter-Loge
„Zu den drei Weltkugeln":

Lehrlings- / Gesellen-Grad.

Arbeitsteppich der Großen Landesloge, Freimaurer-Orden:

Lehrlings- / Gesellen-Grad.

Arbeitsteppich der Großen Loge
Royal York zur Freundschaft (Feßler):

Lehrlings- / Gesellen-Grad.

Arbeitsteppich des Rektifizierten Schottischen Ritus:

Lehrlings-Grad / Gesellen-Grad.

Arbeitsteppich nach Ludwig Schröder:

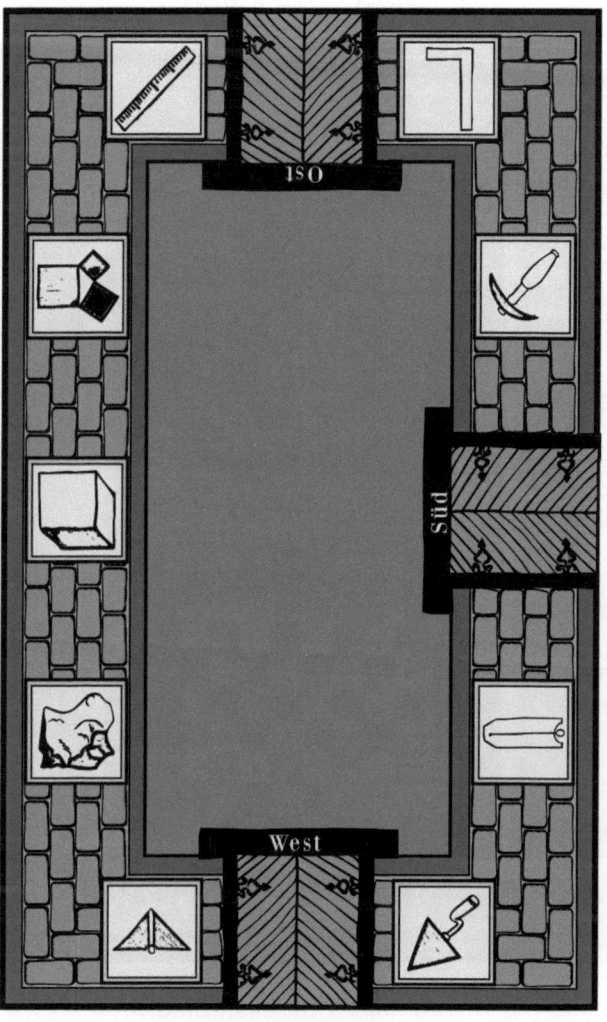

Lehrlings- / Gesellen-Grad.

Arbeitsteppich der Illuminaten, für Unterrichte in der Lehrart der GL AFuAM:

Lehrlings- / Gesellen-Grad.

Arbeitsteppich der Illuminaten, für historische
Unterrichte, angelehnt am Teppich der 3WK:

Lehrlings- / Gesellen-Grad.

Arbeitsteppich der Illuminaten, für Instruktionen,
angelehnt am Teppich der 3WK:

Meister-Grad.

Arbeitsteppich der Schottenloge „Zur starken Wehr im Westen" i.Or. Essen, für die Meister-Loge:

Meister-Grad.

b) Die englischen Lehrtafeln: Tracing Boards

Die heute noch gebräuchlichen englischen Lehrtafeln (Tracing Boards) des Emulations-Ritus gehen mehrheitlich auf den Miniaturmaler John Harris (17 November 1791 – 28 December 1873) zurück, der 1818 in London Freimaurer wurde. Zu dieser Zeit war es noch üblich, das Bild der Loge mit Kreide auf den Boden zu zeichnen oder bemalte Tücher aufzulegen. Die Vereinigte Großloge von England wollte die Bodenzeichnungen und bemalten Tücher durch gerahmte Tafeln (Tracing Boards) ersetzen, die im Logenraum aufgestellt werden. John Harris entwickelte daraufhin für diesen Zweck eine Vielzahl an Kunstwerken, die in den Logen verwendet wurden.

Die „Emulation Lodge of Improvement" wollte für ihr Ritual einheitliche Arbeitstafeln (Tracing Boards). John Harris reichte mehrere Entwürfe bei der Loge ein, die sich für einen Satz der drei Johannis-Grade entschied. Seit dem Jahr 1846 war nun diese einheitliche Form im Gebrauch. Im Jahr 1849 entwickelte John Harris ein weiteres Set, das letztlich zum Standard für die unter der Vereinigten Großloge von England arbeitenden Logen wurde. Diese Standardisierung geschah allerdings nicht durch eine Genehmigung der Großloge, sondern letztlich durch die zunehmende Beliebtheit seiner Motive. Bis heute

gibt es keinen offiziell von der Großloge genehmigten Standard für die Lehrtafeln (Tracing Boards),
dennoch haben sich bestimmte Motive durchgesetzt.

Auch wenn bis zur Mitte des 19ten Jahrhunderts in
England Bodenzeichnungen oder bemalte Tücher
bevorzugt wurden, so gab es bereits damals auch
bemalte Holzbretter. Der älteste Satz für die drei
Johannis-Grade ist auf das Jahr 1800 datiert und
wurde für die 1753 in Norwich gegründete „Faithful
Lodge No. 85" angefertigt, die seit 1980 in Harleston,
Norfolk, arbeitet. Von diesen Arbeitstafeln ließ sich
wohl der Portraitmaler Josiah Bowring inspirieren,
der 1811 einen Satz Arbeitstafeln für die 1750 in
Chichester gegründete „Lodge of Union No. 38" an-
fertigte. Diese Arbeitstafeln sollen letztlich der Vor-
läufer der von John Harris angefertigten Einheits-
tafeln sein.

Im Jahr 1801 veröffentlichte John Cole einen Satz
von Lehrtafeln, die noch eine Zwischenform dar-
stellten. Die Motive erinnern stilistisch stark an
Bodenzeichnungen. Auf ihnen sind die drei Säulen
dargestellt, die im 1) dorischen, 2) ionischen und 3)
korinthischen Stil gehalten sind. Ihnen ordnete er 1)
Weisheit, 2) Stärke und 3) Schönheit zu. Später
setzte sich jedoch die Reihenfolge 1) ionisch, 2)
dorisch und 3) korinthisch durch. Diese ist heute am
weitesten verbreitetsten.

Englisches Tracing Board:

Freimaurer-Lehrling.

Englisches Tracing Board:

Freimaurer-Geselle.

Englisches Tracing Board:

Freimaurer-Meister.

c) Die amerikanischen Lehr-Diagramme: Lecture Charts

Dieselbe Bedeutung, die John Harris im Blick auf die Entwicklung der englischen Lehrtafeln (Tracing Boards) zugesprochen werden kann, kommt John Sherer in Bezug auf die amerikanischen Lehr-Diagramme (Lecture Charts) zu. Im Gegensatz zu den englischen Lehrtafeln, die für gewöhnlich bemalte Holztafeln sind, handelt es sich bei den amerikanischen Diagrammen um farbige Lithographien auf Leinen. Diese werden für gewöhnlich auf einer Holzstange aufgerollt und dienen dem Meister als Gedächtnisstütze bei der Unterweisung. Dementsprechend ist ihr Aufbau auch zweckmäßig und folgt einer bestimmten Reihenfolge. Sie lassen sich praktisch wie ein Buch lesen. Das ermöglicht dem Meister einen freien Vortrag, ohne Ritualbuch.

Während sich die europäischen Arbeitsteppiche und englischen Lehrtafeln auf eine zentrale Symbolik konzentrieren, beinhalten die amerikanischen Lehr-Diagramme eine sehr komplexe Bilderwelt und sind in mehrere Abschnitte (Sektionen) aufgeteilt. Sie enthalten nicht nur die zentralen Symbole, sondern auch die Erklärung der Aufnahmehandlung, sowie die dem Grad entsprechenden Legenden. Sie sind praktisch eine illustrierte Anleitung und Beschreibung des gesamten Grades. Sie werden für die rituelle Arbeit ausgerollt, teilweise auch auf den Boden gelegt. Deshalb werden die im Jahr 1866 von John Sherer veröffentlichten Diagramme auch als *Meister-Teppiche* (Master Carpets) bezeichnet.

(Lecture Chart des Lehrlings-Grades.)

Lecture Chart:

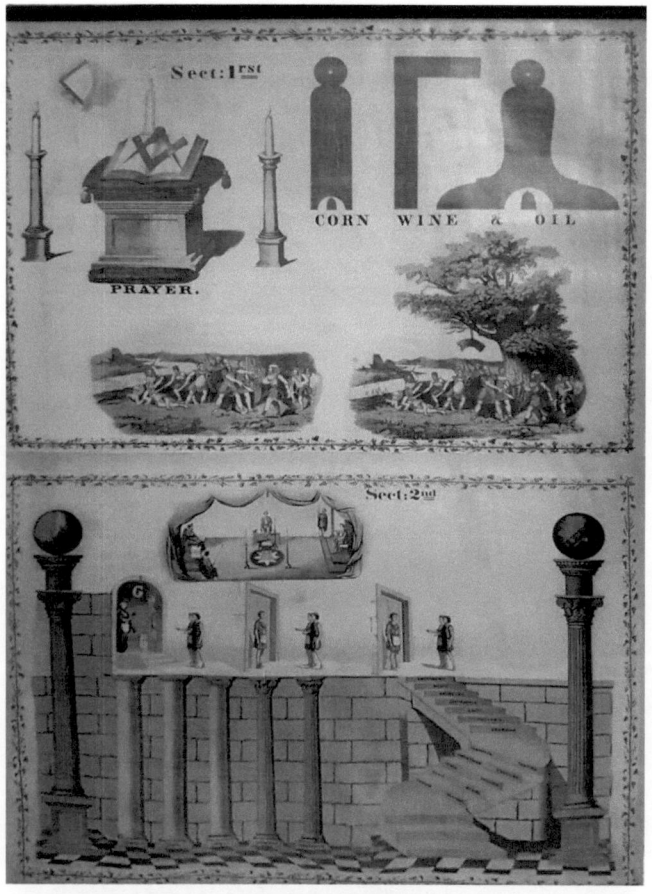

Gesellen-Grad.

Lecture Chart:

Meister-Grad.

Erklärung der Sinnbilder nach Feßler:

Kommentar: Der Arbeitsteppich der Großloge der Alten Freien und Angenommenen Maurer orientiert sich im Wesentlichen an dem der Großen Loge „Royal York zur Freundschaft". Besonders deutlich wird dies in einer Instruktionsloge, wenn der sogenannte „AFAM-Teppich" mit Kreide auf den Boden gezeichnet wird, während der dazu verlesene Text nicht aus dem eigenen System stammt, sondern auf Feßler zurückgeht.

Teppicherklärung: *Ich schreite nun zur Erklärung der Sinnbilder, welche Sie auf der vor Ihnen liegenden Tafel erblicken. Das älteste und merkwürdigste ist, das längliche Viereck, welches den Umriss des salomonischen Tempels vorbildet. In älteren Zeiten wurde dieser Umriss nur mit Kohlen und Kreide gezeichnet, und nach der Aufnahme wieder verlöscht. Merkwürdige Umstände haben nicht nur die gegenwärtigen Veränderungen hervorgebracht, sondern mehrere Figuren, zum Beispiel, die Schnur mit ihren Quasten, die neun Sterne, der mosaische Fußboden, die sieben Stufen hinzugefügt, welche sich auf Dinge und Zwecke beziehen, die der alten echten Freimaurerei völlig fremd sind. Die Zeit und ihr Bestreben wird Ihnen darüber Licht geben.*

*Salomos Tempel war das erste merkwürdige pracht-
volle Gebäude, wovon die älteste Geschichte uns
Nachricht gibt, zugleich aber auch das erste das dem
Dienste eines einzigen Gottes gewidmet, nach
menschlichen Begriffen zu seiner Wohnung bestimmt
war. Welches Sinnbild könnte besser den Bau bezeichnen, an welchem wir arbeiten, den Bau der
möglichsten moralischen Vollkommenheit. Verlieren
Sie diesen Gefühlspunkt nie aus den Augen.*

*Der Tempel war mit einer festen Mauer umgeben,
damit nichts Unreines hineinkommen und diesen heiligen Ort beflecken könnte. Die Mauer hat nur drei
Tore, in Osten, Süden und Westen: Sie werden in der
Folge erfahren warum im Norden kein Tor ist.*

*Gerechtigkeit und Wohlwollen sollen unsere Hand-
lungsweise in Rücksicht anderer bestimmen. Diese
beiden Säulen sollen uns daran erinnern. Sie standen
im Vorhofe des Tempels, und Sie, mein Bruder, müssen bei der linken verweilen, weil bei dem Bau des
Tempels die Lehrlinge sich dort versammelten und
ihren Lohn erhielten.*

*Das Winkelmaß, der Zirkel, der Maßstab, die Wasser-
wage und das Senkblei sind die einem Baumeister
unentbehrlichen Werkzeuge. Unterlassen Sie nie Ihre
Handlungen mit dem Zirkel des Rechts abzumessen,
und Ihre Schritte nach dem Winkelmaß des Gesetzes
einzurichten; legen Sie den Grund nach dem Maß-*

stabe der Weisheit, und führen Sie das Gebäude Ihrer sittlichen Würdigkeit nach der Wasserwage der Pflicht auf. Der Hammer ist in den Händen des Sehr Ehrwürdigen das Werkzeug, um die versammelten Brüder zur Achtung gegen die Gesetze und zur Aufmerksamkeit aufzufordern.

Die Maurerkelle erinnert uns alle die Risse und Lücken, welche Leidenschaften und Charakterschwäche an unseren Herzen gemacht haben mit aller Sorgfalt zu bewerfen und ihnen abzuhelfen.

Der rohe Stein ist der Hauptgegenstand der Lehrlingsarbeiten. Er ist ein Sinnbild der noch nicht ausgebildeten Vernunft. Der Spitzhammer ist das Werkzeug womit Sie ihn behauen und ebnen sollen.

Sonne und Mond, die dem Tage und der Nacht vorstehen, versinnbildlichen Ihre Pflicht Tag und Nacht, das ist unablässig in dieser Arbeit fortzufahren, zugleich aber auch Ihre Gesinnungen und Handlungen so einzurichten, das sie das Licht nicht nicht scheuen dürfen.

Der Flammende Stern kann seine Beziehung auf das heilige Feuer haben, das beständig in Salomos Tempel brannte. Betrachten Sie ihn als ein Sinnbild des Großen Baumeisters der Welt, der allein die Quelle des reinsten Lichtes und der höchsten Weisheit ist. Die vorzüglichste Wirkung der Frei-

maurerei auf ihren Geweihten ist, dass sie ihn dem Urquell des Lichtes und der Weisheit näher führt.

Der Ewige segne Ihren guten Willen und Ihre Anstrengung im Kampfe gegen Irrtum und Vorurteile mit dem besten Erfolge! Ihren unverrückten Blick auf die Gesetze des Ordens! Ihr Ohr der Stimme Ihres Gewissens, und dem Rufe der Pflicht! Und Sie werden das erhabene Geheimnis des Ordens in sich finden, was Sie außer sich überall vergebens suchen würden.

Erklärung der Sinnbilder nach Schröder:

Teppicherklärung: *Sie sehen hier, mein Bruder, einen Teppich ausgebreitet und darauf mancherlei Figuren gezeichnet. Eine solche Zeichnung finden Sie in allen Logen vor; man nennt sie auch den Grundriss des Salomonischen Tempels. Wie nämlich dieser Tempel zuerst dem Dienst des einen, unsichtbaren Gottes geweiht war, so ist auch die Arbeit in dem Heiligtum der Freimaurer ein Bau, gegründet auf solchen Glauben.*

Die Form des Teppichs ist ein rechtwinkliges längliches Viereck, und deshalb wird die Loge durch eine solche Figur dargestellt, deren Seiten die vier Himmelsrichtungen bezeichnen. Der Bau aber, an dem wir als Maurer arbeiten, wird von drei unsichtbaren Säulen getragen: Weisheit, Stärke und Schönheit. Denn jeder dauerhafte und wohlgefällige Bau muss von der Weisheit erdacht, von der Stärke ausgeführt und getragen und von der Schönheit geschmückt werden.

In der mauerartigen Einfassung des Teppichs nehmen Sie drei Tore wahr, welche die Plätze der ersten Beamten der Loge andeuten, da diesen vor allem die Sorge für die Sicherheit unseres Baues obliegt. Sie finden auf dem Teppich verschiedene maurerische Werkzeuge gezeichnet, welche als Symbole für unsere geistige Arbeit dienen und zeigen, dass wir alle unsere Handlungen gewissenhaft abmessen, abwägen und ordnen sollen.

Endlich mache ich Sie besonders auf die Zeichnung eines rohen Steines aufmerksam. Der rohe Stein ist das Symbol der Arbeit eines Lehrlings. Wie der Werkmaurer seine Arbeit damit beginnt, den rauhen Stein zu behauen und zu glätten, um ihn zur Einführung in den Bau geeignet zu machen, so soll auch der Freimaurer-Lehrling damit anfangen, sein Inneres in unserem Geiste zu bearbeiten und zu entwickeln (Quelle: Ritual des Lehrlingsgrades, Friedrich Ludwig Schröder, von 1801).

Nachtrag: Ludwig Schröder, geboren im Jahr 1836 und verstorben 1931, war eine der prägenden Gestalten der deutschen Freimaurerei des späten 19. und frühen 20. Jahrhunderts. Als Buchhändler, Schriftsteller und langjähriger Amtsträger wirkte er in Hamburg, wo er maßgeblich das Profil der Freimaurerloge „Emanuel zur Maienblume" mitgestaltete. Schröder galt nicht nur als tief engagiertes Mitglied dieser Loge, sondern als unermüdlicher Reformator und intellektueller Vordenker der sogenannten *Schröderschen Lehrart* – einer von schwärmerischer Esoterik und Dogmatik befreiten Form der Freimaurerei.

Diese maurerische Richtung war geprägt von der Überzeugung, dass sich die Freimaurerei auf die drei symbolischen Grade – Lehrling, Geselle und Meister – beschränken solle, ohne sich in spekulativen Hochgradsystemen zu verlieren. Ludwig Schröder setzte sich mit Nachdruck für eine radikale Entmythologisierung der Rituale ein. Dabei strebte er eine Vereinfachung der maurerischen Formen an, die den freimaurerischen Geist in den Mittelpunkt stellte und zugleich alle dogmatisch-christlichen, konfessionellen oder mystischen Inhalte auf ein Mindestmaß reduzierte.

Seine Schriften, insbesondere *„Über das Ritual"* (in mehreren Ausgaben erschienen) und *„Die Aufgabe der Freimaurerei in der Gegenwart"*, waren zugleich kritische Bestandsaufnahmen und programmatische Aufrufe zur Reform. Sie spiegeln einen freimaurerischen Ethos wider, der im Zeichen humanistischer Aufklärung stand: Schröder verstand die Freimaurerei als moralische Schule der Menschlichkeit, deren Ziel nicht in der kultischen Überhöhung, sondern in der ethischen Veredelung des Individuums liegt.

Sein Wirken verstand sich auch als bewusste Gegenposition zu den bestehenden Hochgradsystemen, die er als unnötig hierarchisch, mystisch und dogmatisch empfand. Für Schröder war die Freimaurerei kein Geheimbund verklärter esoterischer Erleuchtung, sondern ein offener Bund freier Menschen, gegründet auf Vernunft, Toleranz und Brüderlichkeit.

Ein bis heute diskutierter Aspekt seines Lebens ist die Frage seiner angeblichen Verbindung zum Illuminatenorden

Ludwig Schröders bleibende Bedeutung liegt in seinem Einsatz für eine Freimaurerei, die sich auf ihren ethischen Kern konzentriert. Durch seine Reformen und Schriften hat er nicht nur die Praxis der Rituale in zahlreichen Logen mitgeprägt, sondern auch den Diskurs über Wesen und Auftrag der Freimaurerei auf eine neue, klare Grundlage gestellt. Seine Vision war eine brüderliche Gemeinschaft, gegründet auf Freiheit des Denkens, unabhängig von Konfession, Kult oder Geheimnistuerei. In einer Zeit zunehmender Mystifizierung des Bundes war er der nüchterne Mahner zur Einfachheit – und bleibt bis heute eine der wichtigsten Gestalten der maurerischen Aufklärung im deutschen Sprachraum.

Erklärung der Sinnbilder des eklektischen Freimaurerbundes:

Anmerkung: Der **Eklektische Bund** (auch **Eklektischer Freimaurerbund**, *Eklektischer Bund der Freimaurer*) war ein bedeutender freimaurerischer Zusammenschluss im deutschen Raum des späten 18. und 19. Jahrhunderts.

Teppicherklärung: *Wenden Sie nun Ihre Aufmerksamkeit auf den zu Ihren Füßen liegenden Teppich. Die zwei Säulen auf demselben sind die Sinnbilder der Stärke. Wir sind stark durch ver-*

einigtes gemeinsames Wirken für einen guten Zweck.

Gerechtigkeit und Wohlwollen bezeichnen sie; diese sind die Grundpfeiler der Humanität, die Säulen, auf welche der Maurerbund sich stützt. Die Säule J---n ist den Lehrlingen angewiesen, zu erkennen, was Not ist und sich zum kräftigen Handeln auszubilden.

Der rauhe Stein daneben bezeichnet den rohen Menschen, wie ihn die Natur in die Reihe der Wesen stellt. Er, der Mensch, ist unnütz in dieser Gestalt; aber abgeglättet, von seinen scharfen Ecken befreit, fügt er sich in jedes, die Pläne des ewigen Baumeisters fördernde Verhältnis. In diesem Symbol ist die erste Pflicht des Maurer-Lehrlings versinnbildlicht, nämlich: Selbster-kenntnis und vertmittelst dieser tätiges Streben nach Selbstveredlung. In unserem Innern lebt die hohe herrliche Kraft, die Schönheit und Frieden über unser Dasein verbreitet, die jede edlere Neigung, jeden Keim des Guten und Trefflichen entwickelt und zur Reife bringt. Aus der Er-kenntnis und eifrigen Pflege dieser Kraft geht der höchste Adel des Menschen hervor; denn wer mag seiner Leidenschaften Knecht sein, wenn er sich des Vermögens, sie zu beherrschen, bewusst ist.

Wie wir Bibel, Winkelmaß und Zirkel in symbolischer Weise als die drei großen Lichter bei allen unseren Arbeiten bezeichnen und verehren, so sollen die drei Lichter am Rande des Teppichs uns an Sonne, Mond und Meister vom Stuhl erinnern, welche unsere irdische Gemeinschaft erleuchten und regeln.

Historischer Hintergrund: Im ausgehenden 18. Jahrhundert, inmitten einer von geistiger Unruhe, politischem Umbruch und philosophischer Aufklärung geprägten Zeit, formierte sich im deutschen Sprachraum ein freimaurerischer Zusammenschluss, der bewusst einen anderen Weg einschlug als viele seiner Zeitgenossen: der **Eklektische Bund der Freimaurer**. Gegründet im Jahre **1783 in Frankfurt am Main**, erwuchs dieser Bund aus dem Bestreben heraus, die Freimaurerei von überbordenden Hochgradsystemen zu befreien und sie auf ihren ursprünglichen, sittlich-aufklärerischen Kern zurückzuführen.

Der Name „eklektisch", vom griechischen *eklektikos* – „auswählend" – zeugt bereits von der programmatischen Haltung der Gründungslogen. Sie wählten gezielt aus den freimaurerischen Traditionen aus, was sich mit Vernunft, Ethik und moralischer Vervollkommnung verbinden ließ – und lehnten alles ab, was sie für spekulativ, dogmatisch oder abergläubisch hielten. Insbesondere die Frankfurter Loge **„Zur Einigkeit"**, eine der ältesten in Deutschland, war federführend an der Errichtung des Bundes beteiligt.

Ziel des Eklektischen Bundes war es, die **drei Johannisgrade** in einem klaren, übersichtlichen System zu bewahren und zu vertiefen – ohne Verpflichtung zu Hochgraden und ohne Abhängigkeit von übergeordneten Großsystemen. Die Lehre des Bundes war von einem **rational-deistischen Weltbild** geprägt: Der Mensch sollte durch Selbsterkenntnis, moralische Arbeit und freie geistige Entwicklung sich selbst vervollkommnen. Das Göttliche wurde anerkannt, jedoch ohne dogmatische Bindung an bestimmte Religionen. In einer Zeit, in der andere Logen sich mystisch-kabbalistischen oder gar alchemistischen Strömungen öffneten, wählte der Eklektische Bund bewusst den Weg der **aufklärerischen Mäßigung**.

Die Jacobsleiter und die drei Haupttugenden:

In der englischen und amerikanischen Freimaurerei ist die *Jacobsleiter* eines der zentralen Symbole und Lehrbilder. In den Unterweisungen der *American Canadian Grand Lodge* heißt es an einer Stelle:

> *Die Decke einer Loge ist nicht weniger als das bedeckte Firmament oder der sternenbedeckte Himmel, wo alle guten Maurer letztendlich anzukommen hoffen, mit Hilfe der Leiter, welche Jakob in seinen Visionen sah, hochgefahren von der Erde in das Himmelreich, wobei die wichtigsten Sprossen Glaube, Hoffnung und Liebe heißen; diese mahnen uns zum Glauben an Gott, zur Hoffnung auf Unsterblichkeit und zur Liebe gegenüber der gesamten Menschheit.*

Die Symbolik der Jakobsleiter (oder Himmelsleiter) stammt aus dem Ersten Buch Mose:

> *Aber Jakob zog aus von Beerscheba und machte sich auf den Weg nach Haran und kam an eine Stätte, da blieb er über Nacht, denn die Sonne war untergegangen. Und er nahm einen Stein von der Stätte und legte ihn zu seinen Häupten und legte sich an der Stätte schlafen. Und ihm träumte, und siehe,*

eine Leiter stand auf Erden, die rührte mit der Spitze den Himmel, und siehe, die Engel Gottes stiegen daran auf und nieder (1. Mose, 28:10-12).

Die Fragen 127 bis 129 nach Brownes maurerischen Meister-Schlüssel:

127. Was ist die Decke einer Maurerloge? Ein Himmelszelt von verschiedenen Farben.

128. Wie hoffen wir dahin zu gelangen? Mit Hilfe einer Leiter.

129. Wie wird sie in der Hl. Schrift genannt? Jakobs Leiter.

Erklärung der Jakobsleiter nach Brownes maureri-schen Meister-Schlüssel:

Erklärung von Jakobs Leiter: Rebecca, das geliebte Weib Isaaks, welche wohl wusste, dass in den Seelenkräften ihres Gatten ein besonderer Segen ruhte, war entschlossen, ihn für ihren jüngeren Sohn Jakob zu erlangen, obwohl er nach dem Geburtsrecht ihrem Erstgeborenen Esau gehörte. Kaum hatten sie durch List diesen Segen erlangt, als Jakob genötigt wurde, vor dem Zorn seines Bruders zu fliehen, welcher den Vorsatz fasste, ihn zu erschlagen.

Und als er nach Padanaram, im Lande Mesopota-mien, wanderte, wohin zu gehen ihm durch strenge

Befehle seiner Eltern zur Pflicht gemacht war, kam er in eine wüste Ebene, und da die Sonne untergegangen war, ward er genötigt, dort sein Lager für die Nacht aufzuschlagen, wo er den kalten Erdboden zum Bett, einen Stein zum Kissen und das Himmelszelt zur Decke hatte. Als er schlief, sah er im Traumgesicht eine Leiter, deren Fuß auf der Erde ruhte, deren Spitze bis zum Himmel reichte und auf welcher die Engel Gottes auf- und niederstiegen. Die Engel, welche hinaufstiegen, gingen, um die göttlichen Befehle zu empfangen, und die, welche herabstiegen, kamen, um jene Gebote zur Ausführung zu bringen.

Damals und dort geschah es, dass der Allmächtige einen feierlichen Bund mit Jakob schloss, dass, wenn er bei seinen Geboten beharren und seine Befehle vollführen werde, er ihm nicht nur in Frieden und reich begütert in seines Vaters Haus zurückbringen, sondern ihn auch zu einem großen und mächtigen Volke machen werde. Und im Verlauf der zeit wurde Joseph, Jakobs Sohn, vom Pharao zum zweithöchsten Befehlshaber in Ägypten ernannt, und die Israeliten wurden das große und mächtige Volk unter dem Himmel.

Die Fragen 130 und 131 nach Brownes maurerischen Meister-Schlüssel:

> *130. Aus wie vielen Sprossen oder Stäben besteht jene Leiter?*

> *Aus vielen Sprossen oder Stäben, welche ebenso viele moralische Tugenden bedeuten, vorzüglich aber drei Haupttugenden, nämlich Glaube, Hoffnung und Liebe.*

> *131. Bezeichnen Sie Glaube, Hoffnung und Liebe etwas genauer!*

> *Glaube an Christus, Hoffnung auf Erlösung und in Liebe mit allen Menschen zu leben.*

Die drei Haupttugenden beziehen sich ebenfalls auf eine Stelle in der Bibel: *Nun aber bleiben Glaube, Hoffnung, Liebe, diese drei; aber die Liebe ist die größte unter ihnen* (1. Kor. 13:13).

Erklärung der drei Haupttugenden Glaube, Hoffnung und Liebe nach Brownes maurerischen Meister-Schlüssel:

Der Glaube ist die Grundlage der Gerechtigkeit, das Band der Freundschaft (Eintracht) und die Hauptstütze der Gesellschaft. Wir leben dem Glauben gemäß (im Glauben), wir wandeln nach dem Glauben, durch den Glauben haben wir eine beständige Hoffnung in der Anerkennung eines höchsten We-

sens; durch den Glauben werden wir gerechtfertigt, angenommen und endlich aufgenommen. Ein echter christlicher Glaube ist das Wesen (Wirklichkeit) des, das man hoffet, die Überzeugung von Dingen, die man nicht siehet. Wenn wir hieran unserm maurerischen Berufe entsprechend recht festhalten, wird der Glaube sich in Schauen verwandeln und uns nach jenen seligen Wohnungen bringen, wo wir ewig bei Gott, dem großen Baumeister des Weltalls, sein werden, dessen Sohn für uns gestorben und wieder auferstanden ist, damit wir in seinem höchst kostbaren Blute durch den glauben gerechtfertigt würden.

Die Hoffnung ist der ebenso zuverlässige wie feste Anker der Seele, welcher bis zu dem dringt, was hinter dem Vorhang liegt. Lasset ein festes Vertrauen auf des Allmächtigen Treue unsere Bestrebungen beseelen und uns lehren, unsere Hoffnungen innerhalb der Grenzen seiner heiligen Verheißungen zu halten, so wird ein glücklicher Erfolg unser warten. Wenn wir meinen, ein Ding sei unmöglich, so kann unsere Kleinmütigkeit es dazu machen, wohingegen der, welcher ausharrt, alle Schwierigkeiten überwinden wird.

Liebe! O, wie lieblich ist die Aufgabe, von Dir zu reden! Sie ist der glänzende Edelstein, welcher unseren maurerischen Beruf schmücken kann; sie ist der beste Prüfstein und der beste Erweis der Religion;

Wohltätigkeit, geleitet von himmelgeborener Liebe, ist ein Ruhm für ein Volk, aus welchem jene entsprießt, genährt und gepflegt wird. Selig ist der Maurer, welcher in Brust die Saaten des Wohlwollens gepflanzt hat, denn aus ihr gehen Freundschaft und Nächstenliebe hervor. Er beneidet nicht seinen Nächsten; er hört nicht hin, wenn Geschichten zu dessen Verunglimpfung verbreitet werden; Rachsucht oder Bosheit haben keinen Platz in seiner Brust. Er vergibt die Kränkungen der Menschen und bemüht sich, sie aus seiner Erinnerung auszulöschen. Lasst uns daher eingedenk bleiben, dass wir Christen und Maurer sind, stets bereit, dem Gehör zu schenken, welcher uns um Beistand anfleht, und dem, der in Not ist, eine freigebige Hand nicht vorzuenthalten. Dann wird eine tiefgefühlte Befriedigung der Lohn unserer Arbeit sein, und die Früchte der Freundschaft und Nächstenliebe werden ganz gewiss folgen.

Nachtrag: Nachtrag: Geistig-spirituelle und ethische Lehre der Jakobsleiter und der drei Haupttugenden

Die Symbolik der Jakobsleiter, wie sie in der freimaurerischen Lehre insbesondere der amerikanischen und englischen Systeme dargelegt wird, offenbart eine tiefgründige geistige wie ethische Botschaft, die sowohl den inneren als auch den äußeren Menschen zur Vervollkommnung ruft. Inmitten der Symbole einer symbolischen Loge, unter dem „Himmelszelt von verschiedenen Farben", ragt die Leiter empor – ein Sinnbild des beständigen Strebens der menschlichen Seele, sich von der niederen Welt der Materie zu den Höhen des Geistigen und Göttlichen zu erheben.

Diese Leiter wurzelt in der Vision des Patriarchen Jakob, wie sie im ersten Buch Mose überliefert ist. Dort wird sie zur Brücke zwischen Erde und Himmel, zwischen dem Sichtbaren und dem Unsichtbaren, dem Irdischen und dem Transzendenten. Engel steigen auf und nieder – ein Bild für den unaufhörlichen Wechsel von göttlicher Inspiration und menschlicher Tat, von Offenbarung und gelebter Tugend.

Die freimaurerische Auslegung dieses Bildes erkennt in der Jakobsleiter ein Werkzeug sittlicher und geistiger Entwicklung. Sie ist nicht bloß ein mythologisches Artefakt, sondern ein innerer Pfad, auf dem der Mensch emporsteigt, Sprosse um Sprosse, Tugend um Tugend – durch die Läuterung seines Denkens, Fühlens und Handelns. Von den vielen Sprossen dieser geistigen Leiter treten drei in besonderem Maße hervor: **Glaube**, **Hoffnung** und **Liebe**. Diese „drei Haupttugenden" bilden das ethische Fundament der freimaurerischen Lebensführung — sie sind Stütze, Wegweiser und Ziel zugleich.

Der **Glaube** wird als die Wurzel aller inneren Erkenntnis verstanden. Er bedeutet nicht blindes Fürwahrhalten, sondern ein lebendiges Vertrauen in die geistige Ordnung des Universums, in den „großen Baumeister aller Welten". Er ist die Kraft, die uns trägt, wenn das Sichtbare versagt — das Licht, das auch im Dunkel nicht erlischt. Der Glaube ist in der freimaurerischen Lehre zugleich ein Prinzip der Gerechtigkeit, der Eintracht und der geistigen Orientierung.

Die **Hoffnung** ist jener „Anker der Seele", der uns mit dem Verborgenen hinter dem Schleier der Welt verbindet. Sie richtet unseren Blick auf das Ziel jenseits des Irdischen — auf die Unsterblichkeit, auf die Wiedervereinigung mit dem göttlichen Ursprung. Sie ist keine flüchtige Erwartung, sondern ein kraftvolles Streben, getragen von der Überzeugung, dass das Gute über das Widerwärtige siegt, dass Licht selbst aus der Dunkelheit hervorgehen kann.

Die **Liebe** aber — und dies ist der höchste Sinn dieser Lehre — überragt sie alle. Sie ist nicht bloß ein Gefühl, sondern eine innere Haltung, die aus dem Bewusstsein gemeinsamer göttlicher Herkunft aller Menschen erwächst. Sie ist das Band, das Maurer mit allen Menschen verbindet. In ihr zeigt sich die wahre Religion, der lebendige Beweis eines innerlich durchlichteten Herzens. Die Liebe äußert sich in tätiger Nächstenliebe, in Vergebung, im Wohlwollen, in der Überwindung des Egoismus. Sie ist – wie es die freimaurerische Unterweisung formuliert – „der glänzende Edelstein", der den maurerischen Beruf krönt.

Diese drei Tugenden – Glaube, Hoffnung, Liebe – bilden zusammen nicht nur einen Weg zur individuellen Läuterung, sondern eine ethische Verpflichtung. Sie fordern den Freimaurer auf, seine Lebensführung nicht nach äußeren Maßstäben, sondern nach innerer Wahrheit und geistigem Streben zu gestalten. Die Jakobsleiter wird so zum Sinnbild einer lebenslangen Initiation, bei der jede Sprosse eine neue Einsicht, eine neue Tat, eine neue Form der Veredelung bedeutet.

Wer diesen inneren Weg ernsthaft beschreitet, wird – im Sinne des Bundes, den Gott mit Jakob geschlossen hat – nicht nur heimgeführt in die eigene innere Mitte, sondern wird auch ein Segen für andere. Er wird zum Werkzeug des Friedens, zur Quelle der Gerechtigkeit und zur lebendigen Verbindung zwischen Himmel und Erde.

In dieser Weise verbindet die Lehre der Jakobsleiter das biblische Urbild mit der freimaurerischen Aufgabe: **Ein Mensch zu werden, der sich in Demut erhebt, in Treue dient und in Liebe handelt – auf dass er dereinst am „sternbedeckten Himmel" ankomme, der das Ziel aller geistigen Arbeit ist.**

♠ ◆ ♠

St. Johannis der Täufer und der Evangelist.

Die Brüder aller Logen in und um London und Westminster sollen an einem geeigneten Ort eine Jahresversammlung und ein Fest am Tage St. Johannes des Täufers abhalten oder sonst am Tage St. Johannes des Evangelisten (Quelle: Die Konstitutionen der Frei-Maurer, Allgemeine Anordnung XXII, von 1723).

Erklärung nach Brownes maurerischen Meister-Schlüssel: Warum Freimaurer-Logen sowohl Sankt Johannes dem Evangelisten, als auch Sankt Johannes dem Täufer gewidmet sind:

Vom Bau des Tempels zu Jerusalem an bis zur Babylonischen Gefangenschaft waren die Freimaurer-Logen dem König Salomo gewidmet; von da ab bis zur Ankunft des Messias dem Zerubabel und von da ab bis zur Ankunft Zerstörung des Tempels (durch

123

Titus unter der Regierung des Kaisers Vespasian) wurden sie St. Johannes dem Täufer gewidmet, aber infolge der vielen Gemetzel und Unordnungen, welche mit jenen denkwürdigen Ereignis verbunden waren, geriet die Freimaurerei gar sehr in Verfall.

Viele Logen wurden gänzlich aufgelöst und nur wenige konnten noch in hinreichender Zahl zusammenkommen, um gesetzmäßige Logenversammlungen zu bilden. Auf einer in der Stadt Benjamin gehaltenen allgemeinen Versammlung des Gewerks wurde bemerkt, die Hauptursache des Niedergangs der Maurerei sei das Fehlen eines Großmeisters, sie zu beschützen. Sie ordneten deshalb sieben ihrer hervorragendsten Mitglieder an St. Johannes den Evangelisten, welcher zu jener Zeit Bischof von Ephesus war, ab, um ihn zu ersuchen, das Amt des Großmeisters zu übernehmen.

Er gab zur Antwort, er wolle, obwohl hoch an Jahren – (er war über neunzig) – doch das Amt übernehmen, weil er in seinen jungen Jahren in die Maurerei eingeweiht worden sei. Demnach vollendete er mit seiner Gelehrsamkeit, was der andere mit seinem Eifer begonnen hatte, und zog eine Parallellinie. Seitdem nun sind die Freimaurerlogen stets beiden, St. Johannes dem Täufer und St. Johannes dem Evangelisten, gewidmet.

Vertiefende Erklärung: Die beiden Johannesse in der Freimaurerei – Ursprung, Bedeutung und symbolischer Kontext

Die Widmung der Freimaurerlogen an **Johannes den Täufer** und **Johannes den Evangelisten** ist ein zentrales und tiefgründiges Element der freimaurerischen Überlieferung. Sie wurzelt nicht nur in der Tradition der alten Bauhütten und der frühneuzeitlichen Bruderschaften, sondern spiegelt auch das geistige Selbstverständnis der Freimaurerei wider – als Schule der sittlichen Läuterung und der inneren Erleuchtung.

Bereits in den „Allgemeinen Anordnungen" der *Konstitutionen der Freimaurer* von 1723, verfasst von James Anderson, wird die jährliche Versammlung aller Brüder in und um London am Tage des heiligen Johannes des Täufers (24. Juni) oder, ersatzweise, am Tage des heiligen Johannes des Evangelisten (27. Dezember) angeordnet. Diese Regelung ist keine bloße Organisationsvorgabe, sondern Ausdruck eines historischen und symbolischen Kontinuums, das sich tief in das Bewusstsein der Freimaurerei eingeprägt hat.

Gemäß einer älteren Erklärung, wie sie etwa im *maurerischen Meister-Schlüssel* von Browne zu finden ist, lässt sich die doppelte Widmung der Logen an die beiden Johannesse historisch herleiten: Zur Zeit des salomonischen Tempelbaus waren die Logen dem König Salomo gewidmet – dem archetypischen Weisen, dem ersten Großmeister im allegorischen Sinne. Nach der babylonischen Gefangenschaft übernahm Zerubabel als Erneuerer und Tempel-restaurator diese symbolische Rolle. In der unruhi-gen Zeit des zweiten Tempels, unter der römischen Besatzung, verlagerte sich die Widmung auf Johannes den Täufer, den rufer in der Wüste, der zur Umkehr und geistigen Vorbereitung aufrief.

Doch die zahlreichen Zerstörungen, Vertreibungen und Verfallserscheinungen jener Epoche führten dazu, dass viele Logen untergingen. In einer legendären Szene soll daraufhin eine General-versammlung in der Stadt Benjamin beschlossen ha-ben, dem Niedergang entgegenzuwirken, indem man sich einen neuen geistigen Führer erwählte. Sie entsandten sieben ihrer weisesten Brüder nach Ephesus, um Johannes den Evangelisten – damals hochbetagter Bischof – zu bitten, das Amt des Groß-meisters zu übernehmen. Dieser, selbst in jungen Jahren in die Maurerei eingeweiht, nahm das Amt trotz seines hohen Alters an. Mit seiner Weisheit habe er, so die Überlieferung, das Werk des anderen Johannes vollendet – und so die „Parallellinie" gezogen, welche bis heute symbolisch durch alle Logen läuft.

Diese Legende steht sinnbildlich für die **Einheit von Anfang und Vollendung, von Tatkraft und Erkenntnis**. Denn Johannes der Täufer und Johannes der Evangelist verkörpern zwei sich ergänzende Pole freimaurerischer Symbolik: Der Täufer ruft zur Reinigung und Umkehr – er steht für den Anfang des Weges, die Arbeit am rauen Stein, das moralische Ringen. Der Evangelist hingegen ist der Hüter des Lichts, der Verkünder des Logos, der geistigen Wahrheit – er repräsentiert die Vollendung, das Streben nach Erleuchtung und Wahrheit.

Auch im Kalender zeigt sich diese Polarität: Die Feste der beiden Heiligen markieren die beiden Sonnenwenden – die Sommersonnenwende am 24. Juni und die Wintersonnenwende am 27. Dezember. So spiegelt sich im Jahreslauf das ewige Gesetz des Werdens und Vergehens, des Lichtes, das aus der Finsternis wächst, und der Finsternis, die aus der Fülle des Lichtes geboren wird. In der Gestaltung ihrer Feste und Riten nimmt die Freimaurerei dieses uralte Mysterienwissen auf und deutet es in ethisch-symbolischer Weise um.

Seit jenen mythischen Anfängen sind die Logen beiden Johannesgestalten zugleich gewidmet – dem einen als dem Rufenden, dem anderen als dem Erleuchteten. Gemeinsam bilden sie den geistigen Rahmen der freimaurerischen Arbeit: Sie weisen auf den Weg vom äußeren Wirken zur inneren Vertiefung, von der Handlung zur Erkenntnis, von der Vorbereitung zum Verständnis.

Die Freimaurerei erkennt in dieser doppelten Widmung mehr als bloße Tradition. Sie sieht darin den Ausdruck eines geistigen Gesetzes: Dass jedes Streben nach Licht mit Reinigung beginnt und in Erkenntnis mündet – dass wahrer Fortschritt sowohl Umkehr als auch Einsicht verlangt. In Johannes dem Täufer und Johannes dem Evangelisten begegnet sich daher nicht bloß christliche Symbolik, sondern das überzeitliche Ideal der geistigen Vervollkommnung. In ihrer Verbindung lebt das Wesen freimaurerischer Arbeit.

Der Freimaurer-Schurz.

Der Freimaurerschurz zählt zu den ältesten und ehrwürdigsten Symbolen der Bruderkette und ist ein zentrales Element der freimaurerischen Identität. Sein Ursprung liegt in der praktischen

Arbeitskleidung der mittelalterlichen Steinmetze – jener Werkleute, aus deren Zünften und Bauhütten sich die symbolische Freimaurerei des 18. Jahrhunderts entfaltete. Die Schurze jener Zeit waren aus robustem Leder oder Schaffell gefertigt, bedeckten Brust und Beine und schützten den Körper sowohl vor Verletzungen als auch vor Staub und Splittern. Zudem boten sie Platz für kleinere Werkzeuge, die griffbereit getragen wurden. Der Schurz war Zeichen des arbeitenden Handwerks – er bedeutete Zugehörigkeit und war Ausdruck ehrlicher Arbeit.

Mit dem Übergang zur spekulativen Freimaurerei wandelte sich der Schurz von einem funktionalen Kleidungsstück zu einem **Symbol mit tiefem geistigem Gehalt**. Die praktische Form wich einer stilisierten Ausführung, die nun nur noch von der Hüfte bis zum Knie oder Oberschenkel reichte. Der ehemals breite Brustlatz wurde reduziert, oftmals halbkreisförmig oder als Dreieck gestaltet, und zierte fortan die obere Kante. Auch das Material veränderte sich – zu den Lederschurzen traten gewebte, feinere Varianten, welche der neuen symbolischen Funktion besser entsprachen.

Die ältesten Darstellungen spekulativer Freimaurer, wie etwa der Kupferstich *Les Free-Massons* von Bernard Picard aus dem Jahre 1723, zeigen den Schurz in seiner frühen Form: schlicht, rundlich, knieumspielend, ohne Verzierung. Erst um 1750 begann die Individualisierung: Brüder schmückten ihre Schurze mit Symbolen, Zeichen und bildhaften Darstellungen. Daraus entstanden teils kunstvolle Einzelstücke, die nicht nur Ausdruck der persönlichen Bindung zur Freimaurerei waren, sondern auch zeugten vom Stil der jeweiligen Zeit und Region. Die *Vereinigte Großloge von England* führte 1814 eine einheitliche Form ein, die sich bis in die 1840er Jahre durchsetzte – damit wich die ursprüngliche Vielfalt einem normierten Erscheinungsbild, das heute vielerorts noch gilt. Doch in manchen Lehrarten und Regionen, etwa in Schottland, haben sich individuelle, reich verzierte Schurze erhalten, die dort nicht als eitel, sondern als Ausdruck kultureller Identität gelten.

In der freimaurerischen Praxis ist der Schurz **nicht bloß ein Kleidungsstück**, sondern ein **ritueller Gegenstand von hoher Würde**. Er wird dem Bruder bei seiner Aufnahme vom Meister der Loge – meist dem Meister vom Stuhl – feierlich überreicht. In diesem symbolischen Akt liegt eine tiefe Bedeutung: Der Schurz ist ein **Zeichen der Unschuld und Recht-**

schaffenheit, das älter sei als das goldene Vlies, ehrwürdiger als römische Abzeichen, ja würdevoller als jeder weltliche Orden. So bezeugt es ein altes Ritual, das Br. Krause in seinem Werk *Die drei ältesten Kunsturkunden der Freimaurerbrüderschaft* überliefert hat.

Der Lehrling, der seinen Schurz empfängt, wird symbolisch an die nordöstliche Ecke der Loge geführt – ein Ort von besonderer Bedeutung. In der Baukunst der Alten war es Brauch, den Grundstein eines würdigen Gebäudes im Nordosten zu legen. So steht auch der junge Freimaurer sinnbildlich an diesem Punkt, als **Grundstein des geistigen Tempels**, den er durch sittliches Streben, moralische Läuterung und geistige Arbeit selbst errichten soll. In einem Bericht der *Allgemeinen Österreichischen Freimaurer-Zeitung* vom 17. Februar 1877 heißt es hierzu: „Der jüngste Lehrling wird in den Nordosten gestellt, um den Grundstein des geistigen Gebäudes, an welchem der Freimaurer arbeitet, symbolisch darzustellen."

Dieser Grundstein ist mehr als ein bauliches Bild – er ist ein Verweis auf die Schriftstelle: *„Siehe, ich lege in Zion einen Grundstein, einen bewährten Stein, einen kostbaren Eckstein, der fest gegründet ist."* (Jesaja 28,16) Und auch im Neuen Testament: *„Ihr als*

*lebendige Steine erbaut euch zum geistlichen Hause
…"* (1. Petrus 2,5–6). So wird der Bruder selbst zum
Baustein des Tempels der Menschheit.

Auch die Bezeichnung „**Lammfell**" für den Schurz ist
mehr als poetisch. Sie verweist auf die **Symbolik der
Reinheit**, auf das „Lamm Gottes", das Johannes der
Täufer am Jordan erkannte: *„Siehe, das ist Gottes
Lamm!"* (Johannes 1,35–36). Der Schurz ist daher
nicht nur ein Zeichen der Tugend, sondern auch ein
Zeichen des gelebten Glaubens und der inneren
Erneuerung. Wie Paulus es im Epheserbrief sagt:
*„Legt von euch ab den alten Menschen … und zieht
den neuen Menschen an, der nach Gott geschaffen
ist in wahrer Gerechtigkeit und Heiligkeit."* (Eph.
4,22–24)

Nicht zuletzt verweist der Schurz auf die
priesterliche Würde des Menschen. In 2. Mose 29
wird beschrieben, wie Aaron und seine Söhne in
heiligen Gewändern, mit Schurz und Binde, für ihren
priesterlichen Dienst bekleidet werden. So trägt auch
der Freimaurer seinen Schurz als Zeichen, dass er
berufen ist, in der Welt als geistlicher Baumeister zu
wirken – mit Gerechtigkeit, Weisheit und innerer
Lauterkeit.

Am Ende bleibt der Schurz das, was ihn über alle
Zeiten hinweg auszeichnet: **Ein äußeres Zeichen**

einer inneren Verpflichtung. Wer ihn anlegt, bekennt sich nicht nur zur Loge, sondern zu einem Lebensweg – dem Weg des tätigen Gewissens, der Wahrhaftigkeit, der Arbeit am Selbst und zum Wohle der Menschheit.

Nachtrag: Der Schurz als Zeichen der Initiation

Der Moment, in dem ein Lehrling den Schurz empfängt, markiert nicht nur einen rituellen Übergang, sondern ist Teil eines klassischen initiatorischen Vorgangs: der Übergang vom Profanen zum Geweihten, vom Unwissenden zum Suchenden. Der Schurz ist das **erste sichtbare Abzeichen der Zugehörigkeit zur Bruderschaft** – eine Art äußeres Siegel der inneren Berufung. Es ist bemerkenswert, dass er **vor** dem Lichtempfang angelegt wird, was seine Rolle als Schwellenzeichen unterstreicht.

Der Schurz ist das erste Kleidungsstück des Eingeweihten. Er empfängt ihn noch in Dunkelheit – als Zeichen, dass die Arbeit an sich selbst bereits vor dem Lichteinsatz beginnt.

Neben der bekannten Deutung als Zeichen der Unschuld umfasst der Schurz auch eine dreifache Symbolik, die in manchen Lehrarten explizit gelehrt wird:

- **Schutz**: Als Erbe der Arbeitskleidung dient der Schurz symbolisch dem Schutz vor den „Splittersteinen" des Lebens – also vor Irrtum, Lüge und Eigennutz.

- **Dienst**: Der Träger des Schurzes ist nicht Herr, sondern Arbeiter. Der Schurz ist Zeichen der tätigen Nächstenliebe und des selbstlosen Wirkens.

- **Reinheit**: Die weiße Farbe steht nicht nur für sittliche Unschuld, sondern auch für den Zustand der Offenheit und Läuterung, der Voraussetzung ist für jeden geistigen Fortschritt.

Die vereinigte
GROSSLOGE VON DEUTSCHLAND.

(Auszüge aus der Schrift: *After Fifteen Years – Freimaurerei in Deutschland, Bericht des von The Masonic Service Association of the United States entstandenen Spezialkomitees zur Untersuchung der Lage der Freimaurerei in Deutschland*, aus dem Jahr 1949. Dieses Dokument wurde am 21. März 1950 von der *Vereinigten Großloge von Deutschland* herausgegeben.)

Im Mai 1948 hielten die Großmeister einiger Großlogen in Frankfurt am Main eine Konferenz ab und versuchten, eine Basis zu finden, auf welcher die deutsche Freimaurerei ihre Arbeit wieder aufnehmen könnte. Man kam ganz allgemein überein, dass eine Einheit nur durch die Errichtung einer Großloge auf humanitärer Basis herbeigeführt werden könne.

Eine zweite Konferenz fand im Oktober 1948 in Bad Kissingen in der amerikanischen Besatzungszone statt, und es wurde eine Vereinigte Großloge der Freimaurer von Deutschland geschaffen. Als Tagesordnung angenommen wurde die Formulierung einer Präambel und eines Grundgesetzes, unter welchem man bis zum Zusammentreten der Verfassungsgebenden Versammlung am 21. Juni 1949 arbeiten könnte:

P r ä a m b e l

Überzeugt von der entscheidenden Bedeutung ihrer gemeinsamen Beratungen für das Schicksal der deutschen Freimaurerei und dem von den Vertretern aller deutschen Großlogen ausgesprochenen Bekenntnis,

dass es eine Freimaurerei gibt, die alle auf der Oberfläche der Erde zerstreuten, durch die königliche Kunst aber verbundenen Br. Br. Freimaurer umfasst,

dass die deutschen Freimaurer durch Schicksal, Erleben und Erleiden unlösbar zu engster Gemeinschaft verbunden sind,

dass von den alten Formen und Ritualen, dem vielgestaltigen Leben und dem eigenen Wesen der alten deutschen Großlogen nichts untergehen darf, was über Zeit und Raum gültig zu sein verdient,

dass wir verpflichtet sind, die Sehnsucht vieler freimaurerischer Generationen endlich Wirklichkeit werden zu lassen, dass alle Fragen der Ordnung in einem festen, unlöslichen Zusammenschluss geregelt werden können, wenn die Fragen der Lehre nicht angetastet werden und Geist und Form der Zusammenarbeit freimaurerischen Ursprungs sind,

sehen die in Bad Kissingen versammelten ehrwdst. Br. Br. Einen Weg zur Einigung der deutschen Freimaurerei. Sie sind willens, ihren Bruderschaften und Bauhütten das folgende Grundgesetz vorzuschlagen, sich für seine Annahme einzusetzen und alles zu tun, um diesem Gesetz der brüderlichen Einigung zu dienen:

Grundgesetz

1. Die in Deutschland zur Zeit arbeitenden und in Entstehung begriffenen deutschen Freimaurerlogen schließen sich zu der Vereinigten Großloge der Freimaurer von Deutschland vorerst mit dem Sitz in Frankfurt a. M. Zusammen.

2. Aufgabe der Vereinigten Großloge ist die Vereinigung aller deutschen, gerechten und vollkommenen Johannislogen, die Vereinheitlichung der mr. Gesetzgebung, die Vertretung der deutschen Freimaurerei vor ihrem Volk und vor der Bruderkette der Welt und die Schaffung einer obersten Instanz in Rechtsprechung, Verwaltung und Ordnung.

3. Die seitherigen auf Landesbasis arbeitenden

deutschen Großlogen gliedern sich unter Wahrung ihres Sprengelrechtes, aber unter Verzicht auf jedes organisatorische Eigenleben, das der Einigung abträglich wäre und das nicht durch die Gesetzgebung des Staates bedingt ist, als Landesgroßlogen der Vereinigten Großloge ein.

4. Die Landesgroßmeister wählen für die Dauer des Maurerjahres 1948/49 den ersten Großmeister und seine Stellvertreter und bestimmen den Großbeamtenrat der Vereinigten Großloge.

5. Die Landesgroßmeister berufen einen neunköpfigen, vorbereitenden Ausschuss zur Ausarbeitung einer Verfassung, die am 21. Juni 1949 von den Landesgroßmeisters dem verfassungsgebenden deutschen Großlogentag vorzulegen ist, der der aus den Vertretern aller gerechten und vollkommenen Johannislogen Deutschlands bestehen wird.

6. Von den gerechten und vollkommenen Johannislogen, die ihr angehören, verlangt die Vereinigte Großloge neben der mr. Zucht und der Treue gegenüber diesem Grundgesetz:

a) Anerkennung des höchsten Wesens, das wir im Symbol des allmächtigen Baumeisters aller Welten verehren;

b) die Gegenwart der drei großen Lichter der Freimaurerei in den Logen während der Arbeit: Bibel,
Winkelmaß und Zirkel;

c) die Symbolik der Werkmaurerei;

d) die Einteilung der Johannisfreimaurerei in die drei
Grade des Lehrlings, Gesellen und Meisters;

e) die Legende des dritten Grades;

f) dass ihre Hauptaufgaben sind: Barmherzigkeit,
Wohlwollen und Erziehung und dass sie von aller mr.
Betätigung ausschließen politischen Streit und reli-
giöses Sektierertum.

> 7. Die Vereinigte Großloge gibt den Johannis-
> logen das Recht der freien Entscheidung
> über Ritual und Lehrart, nach denen die
> Bruderschaft arbeiten will, verlangt aber,
> dass das Ritual entweder eines der alten
> deutschen Großlogen oder von ihr geprüft
> und gebilligt sein muss.

Bad Kissingen,
6. Oktober 1948

Frankfurt a. M.,
21. Dezember 1948

Gezeichnet:

Theodor Vogel, für die Großloge in Bayern „Zur Sonne",

Wilhelm Hintze, für die Große Loge von Hamburg,

Walter Sommer, für die Großloge der Freimaurer in Hessen,

F. Chr. Meyer, für die Großloge „Einigkeit", Baden-Baden,

Franz Mittelbach, für die Großloge von Württemberg-Baden,

Paul Ehmke, für die Landesgroßloge der Freimaurer in Niedersachsen,

Richard Harms, für die in Gründung befindliche Großloge von Bremen,

Karl Manecke, für die in Gründung befindliche Großloge von Nordrhein/Westfalen,

Gustav Abshagen, für die in Gründung befindliche Großloge von Schleswig Holstein,

Heinrich Höpker, als Schriftführer.

(…) Das bedeutendste Ereignis im Leben der deutschen Freimaurerei fand am 14. Juni 1949 statt, als die Vertreter von neun Großlogengruppen Deutschlands in Frankfurt zusammentraten, um die

Vereinigte Großloge der Freimaurer von Deutschland zu gründen, und zwar vorerst ohne die Ostzone, die fast ausschließlich von den Russen besetzt ist. (...)

(...) Die Frankfurter Zusammenkunft währte mehrere Tage, von denen die paar ersten mit Konferenzen hingingen. Die Mehrzahl der offiziellen Versammlungen wurde in der St.-Pauls-Kirche in Frankfurt abgehalten, wo vor hundert Jahren die besten Deutschen um die Demokratie gerungen hatten. Hier versammelten sich am 19. Juni 1949 die Vertreter der Landesgroßlogen und der ihnen subordinierten Logen, insgesamt 700 Brüder, und in Gegenwart von Delegationen aus vielen anderen freimaurerischen Jurisdiktionen wurde die Vereinigte Großloge von Deutschland feierlich konstituiert. (...)

(...) Vertreten waren 148 Logen der Westzonen; wenigstens 95% der Freimaurer Westdeutschlands haben sich zusammengeschlossen, einstimmig die Verfassung angenommen und sie durch die Konstituierung der neuen Großloge in Kraft gesetzt. Auf der Basis der neuen Verfassung tritt die Großloge das Erbe der Traditionen und Bräuche jener Großlogen an, die einst die Jurisdiktion über dieses Gebiet besaßen.

Eine der Schwierigkeiten, die mit der Gründung der Vereinigten Großloge verknüpft waren, bestand in der Furcht vieler Großlogen, ihren besonderen

Namen und Charakter zu verlieren. Solche Großlogen, wie die „Zur Sonne", „Eklektischer Bund", „Zur Eintracht" und die von Hamburg, wünschten ihre Namen zu erhalten; sie konnten auf eine über zweihundertjährige Lebensdauer zurückblicken, und es fiel nicht leicht, diese alten und allgemein anerkannten Namen aufzugeben. Dieses Problem wurde dadurch entsprechend gelöst, dass man diese Logen in Landesgroßlogen umwandelte, und zwar unter Befolgung des alten englischen Systems. All diese Großlogen mit ihren Unterlogen gaben durch die Unterschrift ihrer Bevollmächtigten ihre Amtsgewalt als Großlogen auf und wurden Bestandteile der neuen Vereinigten Großloge von Deutschland. (...)

(...) Eine Untersuchung der Verfassung dieser neuen Großloge sollte jedem kritischen Betrachter beweisen, dass es die Absicht der deutschen Freimaurerei ist, ihre Großloge auf angelsächsischer Basis zu errichten; denn sie hält sich eng an die Verfassung der großen Mutterloge in England und passt deren Gesetze ihrer eigenen Jurisdiktion an. Sie hat restlos die alten Landmarken angenommen, und die Rechtlichkeit ihres Ursprungs ist über jeden Zweifel erhaben.

Zweiter Teil:

URKUNDEN
der deutschen Freimaurerei

Die Verfassung der
VEREINIGTEN GROSSLOGE VON DEUTSCHLAND.

(Auszugsweise)

Präambel.

Mit dem Bekenntnis,

dass es nur eine Freimaurerei gibt, die alle auf der Oberfläche der Erde verstreuten, durch die König-liche Kunst aber verbundenen Freimaurer umfasst, dass die deutschen Freimaurer durch Schicksal, Erleben und Erleiden unlösbar zu engster Gemein-schaft verbunden sind,

dass von den alten Formen und Ritualen, dem vielgestaltigen Leben und dem eigenen Wesen der früheren deutschen Großlogen nichts untergehen darf, was über Zeit und Raum gültig zu sein verdient,

und in der Überzeugung,

dass die deutschen Freimaurer verpflichtet sind, die Sehnsucht vieler freimaurerischer Generationen endlich Wirklichkeit werden zu lassen, und dass alle Fragen der maurerischen Ordnung in einem festen, unlöslichen Zusammenschluss geregelt werden können, wenn die Fragen der Lehrart nicht angetastet werden und Geist und Form der Zusam-menarbeit freimaurerischen Ursprungs sind,

vereinigen sich die nachstehenden, in den Johannisgraden arbeitenden gerechten und vollkommenen Freimaurerlogen zu der Vereinigten Großloge der Freimaurer von Deutschland und geben sich die folgende Verfassung.

Frankfurt am Main, am 19. Juni 1949.

A. Die Brüder Freimaurer

Artikel 1

Die Freimaurerei vereinigt Männer, die in bruderschaftlichen Formen und durch ehrwürdige rituelle Handlungen geistige Vertiefung und sittliche Veredelung erstreben. Allgemeine Menschenliebe, Brüderlichkeit, Mildtätigkeit und Erziehung hierzu, was alles sie unter Humanität begreift, sind ihre Hauptaufgaben.

Artikel 2

Glaubens-, Gewissens- und Denkfreiheit sind den Freimaurern höchstes Gut.

Die Freimaurer nehmen daher ohne Ansehen des religiösen Bekenntnisses, der Rasse, der Staatszugehörigkeit, der politischen Überzeugung und des Standes vorurteilsfreie Männer von gutem Rufe als Brüder auf.

Jeder Bruder hat in freimaurerischen Dingen das Recht der freien Meinungsäußerung in Wort und Schrift innerhalb der Bruderschaft.

Er hat ebenso das Recht der Mitarbeit in bruderschaftlichen Vereinigungen, soweit deren Verhältnis zur Johannisfreimaurerei geregelt ist.

Artikel 3

Der Freimaurer erkennt im Weltenbau, in allem Lebendigen und im sittlichen Bewusstsein des Menschen einen göttlichen Schöpfergeist voll Weisheit, Stärke und Schönheit und verehrt ihn unter dem Sinnbild des Allmächtigen Baumeisters aller Welten.

Sinnbilder dieses Bewusstseins Bibel, Winkelmaß und Zirkel. Sie sind Hauptsinnbilder der Freimaurerei und dürfen in keiner Loge fehlen.

Artikel 4

Die Freimaurerei ist ein ethischer, kein politischer Bund und beteiligt sich nicht an politischen oder konfessionellen Parteikämpfen. Sie ist keine Religionsgesellschaft.

Artikel 5

Der Freimaurer achtet jedes Mannes Vaterland, das seine aber liebt er.

Artikel 6

Die Freimaurerei ist keine geheime Verbindung. Sie verlangt keine gesetzwidrige Verschwiegenheit und vermittelt keine geheimen Kenntnisse.

Artikel 7

Der Freimaurer schließt einen Bund für das ganze Leben.

Artikel 8

Jeder Freimaurer muss in einer gerechten und vollkommenen Loge als ordentliches Mitglied arbeiten. Er erwirbt damit das Recht zum Besuch aller Bauhütten.

Artikel 9

Jeder Freimaurer unterwirft sich freiwillig der freimaurerischen Ordnung.

B. Die Logen

Artikel 10

Eine Loge ist die aus den alten Steinmetzbruder-schaften übernommene ehrwürdige Form des Zusam-menschlusses von Freimaurern in einer Bauhütte.

Sie muss, um gerecht (eingesetzt) und vollkommen (eingerichtet) zu sein, einer anerkannten Großloge angehören.

Artikel 11

Richtschnur und Grundlage maurerischer Arbeit und Ordnung sind

das überlieferte Ritual der Werkmaurerei in seinen vielfachen Abwandlungen,

die Alten Pflichten von 1723, die über-lieferten alten Urkunden, Gesetze und Gewohnheits-rechte (Landmarken),

das Bekenntnis des Frankfurter Konvents von 1947 „Es soll fortan nur eine Johannisfrei-maurerei in Deutschland geben, da huma-nitär und christlich nichts Trennendes ist ...“

Artikel 12

Eine Loge kann auf Antrag von mindestens neun Brüdern darunter mindestens sieben Meisters, von der zuständigen Landesgroßloge neu oder durch Teilung gegründet werden.

Artikel 13

Eine Deputationsloge kann durch eine gerechte und vollkommene Loge mit Genehmigung der zuständigen Landesgroßloge eingesetzt werden.

Ihre Mitglieder müssen Angehörige einer gerechten und vollkommenen Loge sein, die sie für die Dauer ihrer Zugehörigkeit zur Deputationsloge beurlaubt.

Artikel 14

Eine freimaurerische Vereinigung ist ein loser Zusammenschluss von mindestens fünf Freimaurern unter Aufsicht einer gerechten und vollkommenen Loge und nicht berechtigt, rituelle Arbeiten durchzuführen.

Artikel 15

Eine Loge kann sich selbst auflösen und auf ihre Zugehörigkeit zur Großloge verzichten, wenn nicht wenigstens sieben Brüder Meister ihren Fortbestand verbürgen.

Zwischen Antrag und Beschluss muss eine Frist von zweimal drei Monaten liegen.

Artikel 16

Der Arbeit und der Ordnung einer Loge dienen die Versammlung der Bruderschaft und der Meister vom Stuhl mit dem Beamtenrat, dem außer ihm mindestens zugehören, 1. Aufseher, 2. Aufseher, Redner, Schriftführer, Schatzmeister und Zeremonienmeister (Schaffner).

Die Loge regelt ihre äußere Rechtsstellung und ihre innere Verwaltung selbständig.

Sie soll sich hierzu ein Hausgesetz geben, das zu dieser Verfassung nicht in Widerspruch stehen darf und von der Großloge sowie der Landesgroßloge anerkannt werden muss.

In ihrem Hausgesetz kann jeder Loge durch die Gesamtheit ihrer Mitglieder den Verzicht auf das Recht nach Artikel 2, Abs. IV aussprechen.

Artikel 17

Der freimaurerischen Rechtspflege dient der Ehrenrat. Er soll aus fünf Brüder Meistern bestehen.

Artikel 18

Die Versammlung der Bruderschaft wählt in geheimer Abstimmung den Meister vom Stuhl und, soweit das Hausgesetz oder sie selber nichts anderes bestimmt, den Beamtenrat und den Ehrenrat.

Artikel 19

Die Aufnahme von Suchenden, die Annahme von Brüdern, das Ausscheiden von Mitgliedern und die freimaurerische Rechtspflege werden durch besondere Gesetze geregelt.

Artikel 20

Die Mitgliedschaft in einer Loge erlischt durch Tod, Austritt (Deckung), (zeitweilige) Entlassung oder (endgültigen) Ausschluss aus der Loge.

Ein inhaltlicher Vergleich:

- zwischen dem Textauszug der *Verfassung der Vereinigten Großloge von Deutschland (VGLvD), Frankfurt am Main, 1949* und der **Freimaurerischen Ordnung** der *Großloge der Alten Freien und Angenommenen Maurer von Deutschland (GL AFuAM), Stand 2016*:

Artikel 1 – Wesen der Freimaurerei

Gemeinsamkeiten:

- Beide betonen das Ziel der **geistig-sittlichen Entwicklung** durch rituelle Arbeit und Brüderlichkeit.

- Beide verstehen **Brüderlichkeit und Humanität** als zentrale Ziele.

- Die Begriffe *bruderschaftliche Formen* und *rituellen Handlungen* sind identisch bzw. gleichwertig verwendet.

Unterschiede:

- Die Fassung von 2016 ergänzt ausdrücklich das moderne Ideal der **freien Entfaltung der Persönlichkeit** und die **Achtung vor der Würde des Menschen**.

- Die VGLvD von 1949 verwendet den Begriff **„sittliche Veredelung"**, während 2016 von **„menschlicher Vervollkommnung"** die Rede ist – eine modernere, inklusivere Formulierung.

- Die 2016er Fassung integriert explizit **Toleranz und Hilfsbereitschaft** – als Weiterentwicklung der klassischen Mildtätigkeit.

Artikel 2 – Freiheit des Geistes

Gemeinsamkeiten:

- Beide Texte stellen **Geistesfreiheit** als höchstes Prinzip dar.

- Die **Meinungsfreiheit innerhalb der Bruderschaft** wird als zentrales Recht genannt.

Unterschiede:

- Der moderne Text von 2016 fügt die Einschränkung hinzu: *„im Rahmen der Freimaurerischen Ordnung"* – eine juristische Absicherung gegen missbräuchliche Auslegung.

- Der ältere Text betont die *Ausdrucksform* („in Wort und Schrift"), was eine freiere, vielleicht auch klassisch liberalere Auffassung der internen Kommunikation zeigt.

Artikel 3 – Gottesbild und Symbole

Gemeinsamkeiten:

- Beide Fassungen erkennen einen **transzendenten Schöpfergeist** an –

allerdings ohne dogmatische Bindung.

- Das zentrale Symbol des **Großen Baumeisters aller Welten** bleibt erhalten.

- Die drei „Großen Lichter" – **Bibel, Winkelmaß, Zirkel** – sind in beiden Systemen unabdingbar.

Unterschiede:

- Der ältere Text spricht ausdrücklich von einem **„Schöpfergeist"**, der neuere von einem **„göttlichen Wirken"** – was theologisch offener formuliert ist.

- Die Formulierung 2016 vermeidet den Ausdruck „verehrt", der 1949 noch vorkommt.

Artikel 4 – Politische und religiöse Neutralität

Gemeinsamkeiten:

- Beide betonen **politische und religiöse Neutralität**.

- Die Freimaurerei wird **nicht als Kirche oder politische Partei** verstanden.

- **Unterschiede:**

  - 1949 ist die Formulierung ausführlicher und schärfer: „kein politischer Bund".

  - 2016 erfolgt die Formulierung eleganter, juristisch pointierter – sie **legt die Pflicht zur Neutralität auf die Institutionen selbst**.

Artikel 5 – Vaterlandsliebe

Gemeinsamkeiten: Keine formale Entsprechung.

- **Unterschiede:**

  - Der Artikel von 1949 reflektiert ein **ethisch-nationales Bewusstsein**, das typisch für die unmittelbare Nachkriegszeit war – vermutlich zur Abgrenzung gegen internationale Verdächtigungen.

  - Die 2016er Fassung **verzichtet bewusst auf nationale Bezugnahmen**, was der internationalen und libera-

len Ausrichtung der heutigen Freimaurerei entspricht.

Artikel 6 – Geheimhaltung

Gemeinsamkeiten:

- Beide Regelwerke lehnen **illegale Ge-
heimhaltung** und **verschwörerischen
Charakter** ab.

- Es wird unterschieden zwischen **freimaurerischer Diskretion** und **geset-
zeswidriger Verschwiegenheit**.

- **Unterschiede:**

  - 1949 formuliert dies kategorisch, um
  politische Vorurteile abzuwehren.

  - 2016 wird dies im Zusammenhang
  mit dem **freimaurerischen Brauchtum** eingebettet und feiner differen-
  ziert, z. B. mit Blick auf **öffentlich
  vertretbare Inhalte** und **rituelle Ver-
  traulichkeit**.

Artikel 7 – Lebensbund

Identisch.

- Beide Verfassungen betonen die **Le-
bensbindung**, d. h. Freimaurerei ist

keine zeitlich begrenzte Mitgliedschaft, sondern ein **dauerhafter ethischer Bund**.

Artikel 8 – Pflicht zur aktiven Mitgliedschaft

Gemeinsamkeiten:

- Beide Verfassungen legen fest, dass ein Freimaurer **aktives Mitglied einer Loge sein muss**.

- Daraus ergibt sich das **Recht auf Besuch anderer regulärer Logen**.

- **Unterschiede:**

  - 2016 ist ausführlicher und regelt, was geschieht, wenn eine Loge **ruhend gestellt** wird (z. B. wegen Mitgliedermangel).

  - Daraus ergibt sich ein **verpflichtender Wechsel zu einer anderen Loge**, um die aktive Verbindung aufrechtzuerhalten.

Artikel 9 – Freiwillige Unterwerfung unter die Ordnung

Gemeinsamkeiten:

- Die **Freiwilligkeit und Anerkennung der Ordnung** ist grundlegendes Prinzip beider Systeme.

Unterschiede:

- Die GL AFuAM bindet die Meinungsfreiheit explizit an die **Einordnung in den Ordnungsrahmen**.

- Die VGLvD 1949 formuliert das ethischer und symbolischer, ohne präzise juristische Ableitung.

Artikel 10 – Wesen der Loge

Inhaltsgleich.

- Identische Traditionslinie – Rückbindung an die **mittelalterlichen Steinmetzlogen** als Ursprung.

Artikel 11 – Richtschnur und Grundlagen

Gemeinsamkeiten:

- Beide berufen sich auf die **Alten Pflichten von 1723** als maßgebliche Grundordnung.

Unterschiede:

- Die GL AFuAM von 2016 verzichtet auf die explizite Nennung des **Frankfurter Bekenntnisses**.

- Der moderne Text spricht allgemeiner von den **Grundsätzen der humanitären Freimaurerei**, während 1949 konkret Dokumente und Traditionen auflistet.

Die Magna Charta der
BRUDERSCHAFT DER DEUTSCHEN FREIMAURER.

(Auszugsweise)

Präambel I.

In dankbarer Erinnerung an die brüderliche Hilfe, die im Sommer 1957 die in London versammelten europäischen Großmeister der deutschen Freimaurerei für ihren endgültigen Zusammenschluss zu einer Bruderschaft in einer gemeinsamen, nationalen Ordnung gegeben haben, in Anerkennung der gezeigten und erklärten Bereitwilligkeit, nicht nur mitzuwirken, sondern in unlöslich erscheinenden Fragen schiedlich Lösungen zu zeigen, haben die beiden gründenden Großlogen:

> Vereinigte Großloge der Alten Freien und Angenommenen Maurer von Deutschland und Große Landesloge der Freimaurer von Deutschland

die nachstehende Magna Charta nicht nur ihren Bruderschaften, sondern auch den befreundeten Großlogen vorgelegt.

Berlin, den 27. April 1958

Präambel II.

Dem zwischen der Vereinigten Großloge der Alten Freien und Angenommenen Maurer von Deutschland (GLL AFAM) und der Großen Landesloge der Freimaurer von Deutschland (GLL FO) am 27. April 1958 geschlossenen und vom Großlogentag der VGL AFAM und der Hauptversammlung der GLL FO am 17. Mai 1958 bestätigten Vertrage *Magna Charta der Bruderschaft der deutschen Freimaurer* sind die *Große National-Mutterloge „Zu den drei Weltkugeln"* (GNML „3WK") und die Provinzialgroßlogen der Vereinigten Großlogen von Deutschland *Provinz Britischer Freimaurer (PR BR F), American-Canadian Provinzial Grand Lodge AF&AM (ACPGL AF&AM)* beigetreten und haben alle von der VGLvD erlassenen Gesetze und sonstigen Verordnungen und Anordnungen als für sie verbindlich anerkannt.

Berlin, den 23, Oktober 1970

Präambel III.

Durch die Magna Charta haben alle Mitgliedsgroß-logen in fünfundzwanzig Jahren zu fruchtbarer, brüderlicher Zusammenarbeit gefunden. Ihre Gesamtvertretung durch die Vereinigten Großlogen von Deutschland ist in der Weltbruderkette und in der Öffentlichkeit anerkannt. Der hoffnungsvolle Auftrag der Magna Charta von 1958 ist in wesentlichen Bereichen Verfassungswirklichkeit geworden.

Um das Gewonnene übersichtlich festzuhalten, hat der Konvent am 23. Oktober 1982 die folgende Fassung der Magna Charta beschlossen:

Art. 1

Wir in Deutschland arbeitenden Freimaurer haben uns zu einer nationalen Ordnung zusammengeschlossen. Sie trägt den Namen *Vereinigte Großlogen von Deutschland – Bruderschaft der Freimaurer.*

Art 2.

1. Wir stellen uns unter das Gebot freimaurerischer Brüderlichkeit und Einigkeit.

2. Wir bekennen uns zu der Königlichen Kunst, die alle Freimaurer in ihrem anerkannten Brauchtum verbindet.

3. Wir bekennen uns zur Toleranz. Diese gebietet uns insbesondere, die altehrwürdigen freimaurerischen Lehrarten zu achten, die auf deutschem Boden gewachsen sind.

Art. 3.

1. Unsere nationale Ordnung ist die alleinige und souveräne Vertretung der Freimaurer in Deutschland gegenüber den Organisationen der Freimaurer im Ausland sowie gegenüber der Öffentlichkeit.

2. Ihr obliegt ferner die Förderung der brüderlichen Zusammenarbeit sowie der Forschung in den Bereichen der freimaurerischen Geschichte und des freimaurerischen Brauchtums.

Art. 4.

Wir versichern, keinerlei Versuche zu unternehmen oder zu dulden, die Selbständigkeit unserer Mitgliedsgroßlogen, vor allem in der Pflege der Lehrart und Gestaltung der Organisation anzutasten. Ein unmittelbarer Verkehr unserer Mitgliedsgroßlogen mit ausländischen Großlogen gleicher Lehrart ist nur zulässig, wenn diese von den Vereinigten Großlogen von Deutschland anerkannt sind.

Art. 5.

1. Mitglieder der Vereinigten Großlogen von Deutschland sind:

die Großloge der Alten Freien und Angenommenen Maurer von Deutschland,

die Große Landesloge der Freimaurer von Deutschland,

die Große National-Mutterloge „Zu den drei Weltkugeln",

die American Canadian Grand Lodge AF&AM,

die Grand Lodge of British Freemasons in Germany

sowie wegen ihrer übergreifenden Aufgaben

die Forschungsloge „Quatuor Coronati" Nr. 808,

die Loge „Jacob DeMolay zum flammenden Stern"
Nr. 249 mit ihren Deputationslogen
„Jacob DeMolay zum Nordstern" Nr. 249a,
„Jacob DeMolay zum Stern im Süden" Nr 249b und
„Jacob DeMolay zum Stern im Westen" Nr. 249c,
die Loge „Zur Weißen Lilie" Nr. 871.

2. Die unter der Jurisdiktion der Mitgliedsgroßlogen stehenden Johannislogen gehören durch diese den Vereinigten Großlogen von Deutschland an. Sie erhalten deren Patent, das sie als Tochterloge einer der Mitgliedsgroßlogen der Vereinigten Großlogen von Deutschland ausweist. Sie erhalten die Matrikelnummer der Vereinigten Großlogen von Deutschland.

3. Die unmittelbar den Vereinigten Großlogen von Deutschland angehörenden Logen arbeiten nach einem vom Großmeister der Vereinigten Großlogen von Deutschland genehmigten Ritual. Auch ihre Satzungen und Hausgesetze bedürfen seiner Genehmigung. Sie sind dem, Großmeister der Vereinigten Großlogen von Deutschland jederzeit zur

Auskunft über ihre Arbeit und Mitglieder verpflichtet.

Mitgliedschaftsgesetz

§1. Der Bruder Freimaurer hat die Pflicht, freimaurerische Arbeit zu leisten überall, wo ihm dazu Gelegenheit und Möglichkeit geboten ist.

§2. Dieser Pflicht Genüge zu tun, besonders durch Präsenz in der Loge, ist eine Forderung, die sich aus dem Wesen der freimaurerischen Bruderschaft ergibt.

§3.1. Dieser Grundsatz erfordert, dass alle Brüder Freimaurer, die sich als Mitglied einer Loge in den Vereinigten Großlogen von Deutschland oder einer von den Vereinigten Großlogen von Deutschland anerkannten Freimaurerloge ausweisen, in allen Logen der Vereinigten Großlogen von Deutschland zu arbeiten, Versammlungen und Veranstaltungen in dem Grade, der sie dazu berechtigt, freien Eingang haben.

2. Dies gilt nicht bei Beratungen über innere Angelegenheiten und dann, wenn der amtierende hammerführende Meister eine Störung durch den Besucher befürchtet.

§4.1. Brüder Freimaurer, die ständig oder für längere Zeit fern von ihrer Mutterloge weilen, können mit deren schriftlicher Erlaubnis in jeder Loge der

Vereinigten Großlogen von Deutschland mitarbeiten und als Doppelmitglied angenommen werden. Die Erlaubnis ist, durch die annehmende Loge in der Form einer Doppelmitgliedschaftsgenehmigung bei der Mutterloge einzuholen und in Kopie an das Groß-meisteramt zu senden, das die beteiligten Mitglieds-großlogen benachrichtigt.

2. Diese Mitgliedschaft wird durch satzungsgemäße Annahme erworben.

3. Der Bruder steht in Dingen der freimaurerischen Ordnung unter der Jurisdiktion der Logen, denen er angehört.

§5. Der Eintritt eines aus einer Loge ausgeschiedenen Bruders in den Verband einer anderen Mitglieds-großloge ist zulässig bei Vorlage eines Entlassungs-scheines oder einer Bescheinigung über ehrenhaftes Ausscheiden. Entlassungsschein oder Bescheinigung können ersetzt werden durch schriftliche Zustim-mung der früheren Mitgliedsgroßloge. Wird diese verweigert oder auf Ersuchen der Mitgliedsgroßloge, in die der Eintritt erfolgen soll, innerhalb von drei Monaten nicht erteilt, so entscheidet das Oberste Gericht in freigestelltem Verfahren auf Antrag der Mitgliedsgroßloge, in die der Eintritt erfolgen soll.

§5a. Der von einem verfassungsmäßigen Organ einer Mitgliedsgroßloge oder einer anderen anerkannten Großloge aus dem Freimaurerbund ausgeschlossene (expelled) Bruder darf nicht in einer Loge der Vereinigten Großlogen von Deutschland auf- oder angenommen werden.

§6. Vor Annahme eines Bruders, der Mitglied einer unter der Jurisdiktion einer Großloge des Auslands stehenden Loge ist oder war, ist die Genehmigung der Vereinigten Großlogen von Deutschland einzuholen. Sie prüfen, ob der Bruder einer von ihnen anerkannten Loge angehört oder angehörte und ferner, ob seitens der Großloge des Auslands Bedenken gegen die Annahme bestehen.

§7.1. Vor der Aufnahme eines ausländischen Staatsangehörigen sind die Vereinigten Großlogen von Deutschland zu verständigen. Sie prüfen im Zusammenwirken mit der in Betracht kommenden Großloge des Auslands, ob der Aufnahme Bedenken entgegenstehen.

2. Absatz 1 gilt auch für Staatenlose.

Mitgliedschaft in sog. „gemischten Logen"

Das Oberste Gericht der Vereinigten Großlogen von Deutschland hat auf Antrag des Senats der VGLvD vom 24. November 1990 über die Zugehörigkeit des Mitglieds einer Loge zu einer „gemischten Loge" in seiner Sitzung am 24. Februar 1991 beschlossen:

1. Die gleichzeitige Zugehörigkeit des Mitglieds einer Loge in den Vereinigten Großlogen von Deutschland

zu einer sogenannten „gemischten Loge" ist mit Ordnung und Brauchtum der Vereinigten Großlogen von Deutschland und ihrer Mitglieder nicht vereinbar.

2. Das gilt auch dann, wenn Gesetze, Verordnungen oder grundsätzliche Anordnungen der Mitgliedsgroßlogen oder Mitgliedslogen keine spezielle Regelung dazu enthalten.

3. Eine solche Regelung zu treffen, gebietet sich von Rechts wegen nicht, empfiehlt sich aber zur Aufrechterhaltung oder Sicherung der inneren wie äußeren Ordnung.

Allgemeine maurerische Grundsätze von 1868/1887.

1. Der Bund der Freimaurer ist ein menschlichbrüderlicher Verein freier Männer zur Wahrung und Pflege edler Humanität.

2. Der oberste Maßstab für das Verhalten der einzelnen Brüder und der Logenbünde ist das rein menschliche Sittengesetz.

3. Die Freimaurer verehren Gott, von dem alles sittliche Leben ausgeht, zu dem es jederzeit hinführt.

Der Bund fordert von seinen Mitgliedern kein religiöses Bekenntnis.

4. Der Bund nimmt freie Männer auf von gutem Rufe, welche sich in dem Streben nach sittlich-er Veredlung brüderlich einigen, ohne Unterschied der Religion oder Konfession, der Nationalität oder der politischen Partei und des Standes.

5. Die Freimaurer achten jedes aufrichtige Bekenntnis und jede ehrliche Überzeugung.

Der Bund fordert von seinen Mitgliedern, dass sie trotz der Gegensätze der Stellung und der Meinung sich als Brüder achten und niemals die Liebe verletzen, welche die Menschen wie Kinder eines Vaters verbindet.

6. Der Bund huldigt dem sittlichen Grundsatz der Gewissens-, der Glaubens- und der Geistesfreiheit.

Er verwirft jeden Zwang, welcher diese Freiheit bedroht und jede Verfolgung, die gegen Andersgläubige und Andersdenkende geübt wird.

7. Der Freimaurerbund ist ein sittlicher, aber kein politischer noch kirchlicher Verein.

Er beteiligt sich nicht an den politischen oder kirchlichen Parteikämpfen und vermeidet alles, was zu konfessionellem oder politischen Streite führt.

Die Loge ist einneutraler und friedlicher Tempel, dessen Schwelle die Leidenschaft des profanen Lebens nicht überschreiten darf.

8. Die Haupttätigkeit der Loge ist nach Innen gerichtet, indem sie vorzüglich die Brüder zur Selbstvervollkommnung erzieht und zur Erkenntnis und Übung der Humanität anleitet.

9. Außerdem regt die Loge die Brüder an zu gemeinnützigen und wohltätigen Werken, zur Übung der Tugend auch in der Familie und in der bürgerlichen Gesellschaft.

Die Vaterlandsliebe und die Tätigkeit für das Gemeinwohl werden von den Maurern hochgeschätzt.

10. Der Freimaurer ist verpflichtet, die Verfassung und die Gesetze des Landes zu achten, in dem er lebt und der Staatsgewalt verfassungsmäßigen Gehorsam zu leisten. Die Pflichten des Staatsbürgers geltendem Maurer heilig.

11. Die maurerischen Gebräuche, welche größtenteils von den Baubrüderschaften der frühen Zeiten über-liefert sind, haben vorzüglich eine sinnbildliche Bedeutung für die Freimaurerei. Sie sind Bildungsmittel zu den Zwecken des Bundes.

12. Der Bund selbst und seine Geschichte, seine Grundsätze und seine Zwecke sind kein Geheimnis.

Das maurerische Geheimnis, zu welchem die Brüder verpflichtet sind, dient wesentlich nur zu gegenseitiger Erkennung, zum Schutze vertrauensvoller Meinungsäußerung innerhalb der Loge und zu der sittlichen Einwirkung, welche die Loge ausübt.

13. Die Freimaurer sind verpflichtet, an ihrer Selbstveredlung zu arbeiten und einander in diesem Streben zu fördern, die Gesetze der Loge getreu zu beachten, dem hammerführenden Meister maurerischen Gehorsam zu leisten, über die inneren Verhandlungen der Loge und die persönlichen Vertrauensverhältnisse der Brüder eine gewissenhafte Diskretion zu beobachten und die Ehre und Interessen der Loge nach Kräften zu wahren und zu fördern.

14. Die Freimaurer sind berechtigt, innerhalb der Logengesetze und Logenordnung ihrer Überzeugung zu folgen und dieselbe zensurfrei auszusprechen, ihre Meinung auch in Wort und Schrift innerhalb der Schranken der Geheimnisverpflichtung frei zu äußern, Anträge zu stellen und Verbesserungen vorzuschlagen, von der Rechnung über die Kassenverwaltung Kenntnis zu nehmen und über dieselbe zu urteilen, und wenn ihre Überzeugung oder ihre äußeren Verhältnisse es erfordern, auch ausdem Logenverbande wieder auszutreten. In diesem Falle haben sie jedoch um ihre Entlassung nachzusuchen und vorher ihre Finanziellen Verbindlichkeiten zu erfüllen.

Dritter Teil:

DIE ALTEN URKUNDEN
der schottischen Werkmaurer,
oder:
Die Kilwinning-Dokumente.

Geschichte der
GEOMETRIE
UND MAUREREI

Aus dem Jahr 1410.

1. Gott sei gedankt, unserm glorreichen Vater und Gründer und Bildner von Himmel und Erde und aller Dinge darin, dass er aus seiner glorreichen Gottheit die Gnade haben wollte, so vielerlei Nützliches für den Menschen zu schaffen, ihm unterworfen zu sein und als gesunde Nahrung zu dienen. Er gab dem Menschen auch Verstand und allerlei Kenntnisse und Fertigkeiten, womit wir in dieser Welt arbeiten können, unsern Unterhalt zu erlangen und allerlei hervorzubringen zu Gottes Wohlgefallen wie zu unserm Besten.

Wenn ich diese Dinge alle erzählen wollte, das wäre zu lang zu sagen und zu schreiben; deshalb will ich es unterlassen, aber ich werde euch etwas zeigen, nämlich wie und in welcher Weise die Wissenschaft der Geometrie zuerst begann, und wer die Gründer von ihr und von anderen Handwerken mehr waren, wie es aufgezeichnet ist in der Bibel und in andern Erzählungen.

2. Wie und in welcher Weise diese würdige Wissenschaft der Geometrie begann, will ich euch erzählen, wie ich zuvor sagte. Ihr müsst wissen, dass es sieben freie Wissenschaften gibt, durch welche sieben alle Wissenschaften und Fertigkeiten in der Welt zuerst gefunden wurden, insbesondere die Geometrie, denn sie ist die Urheberin von allen, das heißt, die Wissenschaft der Geometrie von allen andern, die es gibt, welche sieben Wissenschaften so genannt werden.

Was die erste betrifft, welche die Grundlage der Wissenschaften genannt wird, so ist ihr Name Grammatik, die lehrt den Menschen ordentlich sprechen und schreiben, wie es sich gehört.

Die zweite ist Rhetorik, und die lehrt den Menschen, regelrecht und schön zu sprechen.

Die dritte ist Dialektik, und diese Wissenschaft lehrt den Menschen, das Wahre vom Falschen zu unterscheiden, und gewöhnlich wird sie Kunst oder Sophistik genannt.

Die vierte heißt Arithmetik, welche den Menschen das Handwerk der Zahlen lehrt, um zu zählen und alle Dinge zu berechnen.

Die fünfte ist Geometrie, die lehrt den Menschen Masse und Messungen und Wägen von Gewichten in allerlei Handwerken.

Die sechste ist Musik, die lehrt den Menschen das Handwerk des Gesanges nach Tonzeichen und Orgel und Trompete und Harfe und alles andre, was dazu gehört.

Die siebente ist Astronomie, die lehrt den Menschen den Lauf der Sonne und des Mondes und andrer Sterne und Planeten des Himmels.

3. Unsere Absicht ist hauptsächlich, von der ersten Begründung der würdigen Wissenschaft der Geometrie zu handeln, und wer die Begründer davon waren, wie ich zuvor sagte. Es gibt sieben freie Wissenschaften, das heißt sieben Wissenschaften oder Handwerke, welche frei in sich selbst sind, welche sieben nur durch die Geometrie leben, und Geometrie heißt so viel wie Messung der Erde.

4. Wundert euch nicht, dass ich sagte, dass alle Wissenschaften nur durch die Wissenschaft der Geometrie leben, denn es gibt kein Kunstwerk und keine Handarbeit, die von Menschenhand hervorgebracht werden, welche nicht durch die Geometrie als die

vornehmste Ursache hervorgebracht werden. Wer mit seinen Händen arbeitet, arbeitet mit irgend einem Werkzeug, und es gibt kein Instrument aus Stoffen dieser Welt, welches nicht von einer Art Erde kommt und es wird wieder zu Erde werden; und jedes Werkzeug hat irgend ein Verhältnis. Verhältnis ist Messung, das Werkzeug ist Erde, und Geometrie heißt Messung der Erde, darum kann ich sagen, dass die Menschen alle durch die Geometrie leben, denn alle Menschen hier in dieser Welt leben durch die Arbeit ihrer Hände.

5. Viel mehr Beweise könnte ich euch sagen, warum die Geometrie die Wissenschaft ist, durch welche alle vernünftigen Menschen leben, aber ich unterlasse es für diesmal wegen der langen Arbeit des Schreibens.

Und jetzt will ich in meinem Gegenstande fortfahren: ihr müsst wissen, dass unter allen Handwerken der Welt als Menschenkunst Maurerei das höchste Ansehen hat und den größten Anteil an dieser Wissenschaft der Geometrie, wie in der Geschichte gesagt wird, zum Beispiel in der Bibel, beim Meister der Geschichten und im Polychronikon, einer. bewährten Chronik, auch bei den Lehrern der Geschichte: Beda, De imagine mundi, Isidor und Methodius. Und viele andre sagen, dass Maurerei hauptsächlich von der Geometrie ist, wie man meines Bedenkens wohl sagen kann, denn sie ist das erste Handwerk, das erfunden wurde, wie aufgezeichnet ist in der Bibel im vierten Kapitel der Genesis. Und auch alle vorher genannten Lehrer stimmen dem bei; einige von ihnen sagen es offener und deutlicher, ganz wie es in der Bibel die Genesis sagt.

6. In gerader Linie von Adam abstammend, im siebenten Alter nach Adam, vor Noahs Flut, lebte ein Mann namens Lamech, der hatte zwei Frauen, Ada und Sella. Von Ada bekam er zwei Söhne, Jabal und Jubal. Der ältere Sohn Jabal erfand zuerst Geometrie und Maurerei, er baute Häuser und heißt in der Bibel Pater habitantium in tentoriis et pastorum, das ist Vater der Menschen, die in Zelten oder Wohnhäusern wohnen. Er war Kains Maurer-Meister und Leiter aller seiner Arbeiten, als er die Stadt Enoch baute; das war die erste Stadt, die je gebaut wurde, und die baute Kain, Adams Sohn, und gab sie seinem Sohne Enoch und gab der Stadt den Namen seines Sohnes und nannte sie Enoch, und jetzt heißt sie Ephraim. Dort wurde die Wissenschaft der Geometrie und Maurerei zuerst angewandt und als Wissenschaft und Fertigkeit ausgedacht, und so können wir sagen, dass sie Ursache und Begründung aller Fertigkeiten und Wissenschaften war. Und

dieser Mann Jabal wurde auch Pater pastorum genannt.

7. Der Meister der Geschichten sagt, und Beda, de imagine mundi, Polychronikon und andere mehr sagen, dass er zuerst eine Verteilung des Landes vornahm, damit jeder seinen eignen Boden kennen und für sich selbst bearbeiten könnte. Er schied auch die Schafherden, damit jeder seine eignen Schafe kennen könnte, und so dürfen wir sagen, dass er der erste Begründer jener Wissenschaft war.

Und sein Bruder Jubal oder Tubal war der Begründer der Musik und des Gesanges, wie Pythagoras im Polychronikon sagt, und dasselbe sagt Isidor in seinen Etymologien im 6. Buche; dort sagt er, jener wäre der erste Begründer der Musik und des Gesanges und der Orgel und Trompete, und er fand jene Wissenschaft durch den Klang von dem Gewicht der Hämmer seines Bruders Tubalkain.

8. Wirklich, wie die Bibel im 4. Kapitel der Genesis sagt, bekam Lamech von der andern Frau Sella einen Sohn und eine Tochter, der Sohn hieß Tubalkain, und seine Tochter hieß Naema. Nach dem Polychronikon sagen einige, sie sei Noahs Weib gewesen; ob das so ist oder nicht, sagen wir nicht bestimmt.

9. Ihr müsst wissen, dass dieser Sohn Tubalkain der Begründer der Schmiedekunst war und anderer Handwerke in Metall, wie Eisen, Erz, Gold und Silber, wie einige Gelehrte sagen, und seine Schwester Naema war die Erfinderin der Webekunst, denn vor jener Zeit wurde kein Zeug gewebt, sondern man spann Garn und knüttete es und machte sich Kleidung, so gut man konnte, bis jene Frau Naema die Webekunst erfand; und darum wurde sie Frauenkunst genannt.

Und diese drei vorher genannten Brüder hatten Kenntnis, dass Gott Rache nehmen wollte für die Sünde, durch Feuer oder Wasser, und sie sorgten sich sehr, wie sie die Wissenschaften, die sie erfanden, retten könnten; und sie hielten Rat zusammen, und mit all ihrer Klugheit sagten sie, es gäbe zwei Arten Stein von solcher Güte, dass der eine niemals brennen würde, Marmor genannt, und der andre nicht untergehen würde im Wasser, Ziegelstein genannt. Und so beschlossen sie, alle Wissenschaften, die sie erfunden hatten, auf diese zwei Steine zu schreiben; wenn Gott durch Feuer Rache nehmen wollte, dann sollte der Marmor nicht brennen, und wenn Gott durch Wasser Rache sandte, dann sollte der andre nicht untergehen; und so baten sie ihren älteren Bruder Jabal, er möchte zwei Säulen aus diesen beiden Steinen machen, das heißt von Marmor und von Ziegelstein, und er möchte alle Wissenschaften und Künste, welche sie erfunden hatten, auf die beiden Säulen schreiben. Er tat es, und darum können wir sagen, dass er der Kundigste in den Wissenschaften war, denn er begann sie zuerst und voll-endete sie vor Noahs Flut.

10. Bestimmte Kenntnis der Rache, die Gott senden wollte, ob sie durch Feuer oder durch Wasser geschehen würde, hatten die Brüder nicht; durch eine Art Verkündigung wussten sie, dass Gott eins davon senden wollte. Darum schrieben sie ihre Wissenschaften auf die zwei Säulen von Stein. Und einige Leute sagen, dass sie alle sieben Wissenschaften auf die Steine schrieben, aber das kann ich nicht behaupten. Sie hatten in ihrem Gedächtnis, dass eine Rache kommen würde. Und so geschah es, dass Gott Rache sandte durch eine so große Flut, dass die ganze Welt ertrank; und alle Menschen kamen um bis auf acht Personen, nämlich Noah und sein Weib und seine drei Söhne und deren Weiber. Von diesen drei Söhnen stammt die ganze Welt; und ihre Namen waren Sem, Ham und Japhet.

Die Flut hieß Noahs Flut, denn er und seine Kinder wurden dabei gerettet, und viele Jahre nach dieser Flut, wie die Chronik erzählt, wurden diese zwei

Säulen gefunden, und wie das Polychronikon sagt, fand ein großer Gelehrter namens Pythagoras die eine, und der Philosoph Hermes fand die andere. Und sie lehrten die Wissenschaften, welche sie dort geschrieben fanden, weiter.

11. Jede Chronik und Geschichte und viele andre Schriftsteller und die Bibel besonders zeugen von dem Bau des Turmes zu Babylon, und es steht geschrieben im 10. Kapitel der Genesis, wie Ham, Noahs Sohn, Nimrod zeugte, und der war ein mächtiger Mann auf Erden und ein starker Mann wie ein Riese und war ein großer König. Der Anfang seines Königreichs war das eigentliche Königreich Babylon und Erech und Akkad und Chalne und das Land Sinear. Dieser selbe Nimrod begann den Turm von Babylon und lehrte seine Werkleute die Kunst der Maurerei und hatte viele Maurer bei sich, mehr als 40 000. Und er liebte und pflegte sie gut, und es steht geschrieben im Polychronikon und beim Meister der Geschichten und in andern Erzählungen, und die Bibel bezeugt es im selben 10. Kapitel, dass Assur, ein naher Verwandter Nimrods, aus dem Lande Sinear zog und die Städte Niniveh und Plateä baute und andere mehr:

> *„Chus aber zeugte den Nimrod. Der fing an ein gewaltiger Herr zu sein auf Erden, und war ein gewaltiger Jäger vor dem Herrn.*

Daher spricht man: Das ist ein gewaltiger Jäger vor dem Herrn wie Nimrod. Und der Anfang seines Reiches war Babel, Erech, Akkad und Chalne im Land Sinear. Von dem Land ist er gekommen nach Assur und baute Ninive und Rehoboth-Ir und Kalah, dazu Resen zwischen Ninive und Kalah. Dies ist die große Stadt." (Gen. 10, 8-12)

12. Billigerweise sollten wir offen sagen, wie und in welcher Weise die Pflichten des Maurer-Handwerks zuerst begründet wurden und wer ihr zuerst den Namen Maurerei gab; und ihr sollt auch erfahren, dass im Polychronikon und bei dem Bischof und Märtyrer Methodius erzählt und geschrieben ist, wie Assur, der würdige Herr von Sinear, zum König Nimrod sandte, er möge ihm Maurer und Werkleute schicken, die ihm seine Stadt bauen helfen könnten. Nimrod sandte ihm 3000 Maurer, und als sie gehen sollten, rief er sie vor sich und sagte zu ihnen:

„Ihr sollte zu meinem Vetter Assur gehen, ihm eine Stadt bauen zu helfen; seht aber zu, dass ihr gut regiert werdet, und ich werde euch eine Ordnung geben, für euch und für mich nützlich.

13. Wenn ihr zu jenem Herrn kommt, seht zu,

dass ihr ihm treu seid, wie ihr mir sein würdet, und getreulich eure Arbeit und euer Handwerk verrichtet und angemessenen Lohn dafür nehmt, wie ihr verdient, und ferner, dass ihr einander liebt als wäret ihr Brüder, und getreulich zusammenhaltet, und derjenige, welcher die meiste Geschicklichkeit hat, lehre sie seinem Genossen; und seht, wie ihr euch regiert gegen euren Herrn und unter euch selbst, damit ich Ehre habe und Dank dafür, dass ich euch gesandt und euch die Fertigkeit gelehrt habe."

Und sie erhielten die Ordnungen von demjenigen, welcher ihr Meister und ihr Herr war, und zogen fort zu Assur und bauten die Stadt Niniveh im Lande Plateas und andere Städte mehr, welche die Leute Calah und Resen nennen, welches eine große Stadt zwischen Calah und Niniveh ist. Und in dieser Weise wurde das Handwerk der Maurerei zuerst gestaltet, und er gab ihr Ordnungen gleich einer Wissenschaft.

14. Ältere Maurer, die vor uns waren, hatten diese Ordnungen aufgeschrieben für sich, wie wir sie jetzt haben in unseren Ordnungen der Geschichte Euklids, wie wir sie geschrieben gesehen haben sowohl lateinisch als französisch.

Aber wie Euklid zur Geometrie kam, sollten wir euch billigerweise erzählen, wie es aufgezeichnet ist in der Bibel und in andern Geschichten. Im 12. Kapitel der Genesis erzählt sie, wie Abraham zum Lande Kanaan kam und unser Herr ihm erschien und sagte:

„Ich werde dies Land deinem Samen geben."

Aber eine Hungersnot überfiel das Land, und Abraham nahm Sarah, sein Weib, mit sich und ging nach Ägypten auf die Pilgerschaft; solange der Hunger dauerte, wollte er dort verweilen. Und Abraham, wie die Chronik sagt, war ein Weiser und ein großer Gelehrter und verstand alle sieben Wissenschaften und lehrte die Ägypter die Wissenschaft der Geometrie. Und dieser würdige Gelehrte Euklid war sein Schüler und lernte von ihm; und er gab ihr zuerst den Namen Geometrie, denn obwohl sie vorher schon angewandt wurde, hatte sie noch nicht den Namen Geometrie. Aber Isidor sagt im 5. Buche der Etymologien im 1. Kapitel, dass Euklid einer der ersten Begründer der Geometrie war und ihr den Namen gab; denn in seiner Zeit war ein Gewässer im Lande Ägypten, das hieß Nil, und es überflutete das Land so weit, dass die Menschen nicht darin wohnen konnten.

15. Da lehrte sie dieser würdige Gelehrte Euklid große Wälle und Gräben machen, um das Wasser

abzuhalten, und er maß durch die Geometrie das Land und teilte es in verschiedene Teile und ließ jedermann seinen eignen Teil mit Wällen und Gräben ein-schließen; und da wurde es ein üppiges Land mit allerhand Früchten und jungem Volk, Männern und Frauen; und es war da so viel Volk jungen Nachwuchses, dass sie nicht gut leben konnten. Und die Herren des Landes traten zusammen und hielten Rat, wie sie ihren Kindern helfen könnten, die keinen zuständigen und ausreichenden Unterhalt zu finden vermochten für sich und ihre Kinder, denn sie hatten so viele. Und unter ihnen allen im Rat war dieser würdige Gelehrte Euklid, und als er sah, dass sie alle diese Sache nicht fertig bringen konnten, sagte er zu ihnen:

> *„Wollt ihr eure Söhne in Unterricht geben, so will ich sie eine solche Wissenschaft lehren, dass sie standesgemäß davon leben sollen, unter der Bedingung, dass ihr euch mir eidlich verpflichtet, den Unterricht durchzuführen, den ich für euch wie für sie festsetzen werde."*

Und der König des Landes und alle Herren genehmigten es einstimmig.

16. Billigerweise wollte jedermann das genehmigen, was ihm selbst nützlich wäre, und sie gaben ihre

Söhne Euklid, sie nach seinem eignen Willen zu unterrichten, und er lehrte sie das Handwerk der Maurerei und gab ihr den Namen Geometrie wegen der Teilung des Bodens, die er das Volk gelehrt hatte zu der Zeit, wo sie die vorher erwähnten Wälle und Gräben machten, um das Wasser abzuschließen. Und Isidor sagt in seinen Etymologien, dass Euklid das Handwerk Geometrie nennt. Und da gab dieser würdige Gelehrte ihr den Namen und lehrte sie die Söhne der Herren des Landes, welche er in seinem Unterricht hatte.

Und er gab ihnen eine Ordnung, dass sie einander Genosse nennen sollten und nicht anders, weil sie alle dasselbe Handwerk trieben und aus demselben edlen Geschlecht geboren und Söhne von Herren wären. Und ferner sollte derjenige, welcher die meiste Fertigkeit besäße, der Leiter der Arbeit sein und sollte Meister genannt werden, und andre Pflichten mehr, welche im Buche der Pflichten geschrieben stehen. Und so arbeiteten sie bei Herren des Landes und bauten Großstädte und Kleinstädte, Burgen und Tempel und Herrensitze.

17. Zur Zeit, als die Kinder Israels in Ägypten wohnten, lernten sie das Handwerk der Maurerei, und nachdem sie aus Ägypten vertrieben waren, kamen sie in das Land der Verheißung, das wird nun Jerusalem genannt, und es wurde besetzt und die

Ordnungen wurden gehalten.. Und beim Bau von Salomos Tempel, den König David begann, liebte König David die Maurer sehr und gab ihnen Ordnungen, beinahe wie sie jetzt sind. Und beim Bau des Tempels zu Salomos Zeit, wie in der Bibel im 3. Buch der Könige im 5. Kapitel gesagt ist, hatte Salomo 80 000 Maurer bei seinem Werke. Und des Königs Sohn von Tyrus war sein Meister-Maurer. In andern Chroniken wird gesagt und in alten Büchern der Maurerei, dass Salomo die Ordnungen bestätigte, die sein Vater David den Maurern gegeben hatte. Und Salomo selbst lehrte sie ihre Gebräuche mit nur wenig Unterschied von den Gebräuchen, welche jetzt üblich sind.

Und von dort wurde diese würdige Wissenschaft nach Frankreich gebracht und in viele andre Gegenden.

18. Zu einer Zeit war ein würdiger König in Frankreich, der war Carolus secundus benannt, das heißt Karl der Zweite; und dieser Karl war erwählter König von Frankreich von Gottes Gnaden und auch durch Abstammung. Und einige Leute sagen, er wäre vom Glück gewählt, aber das ist falsch, denn nach der Chronik war er aus des Königs königlichem Blute. Und dieser selbe König Karl war Maurer, ehe er König war. Und nachdem er König geworden, liebte er die Maurer und begünstigte sie und gab ihnen

Pflichten und Gebräuche nach seiner Erfindung, von denen einige noch jetzt in Frankreich üblich sind; und er verordnete, dass sie einmal im Jahre eine Versammlung halten und kommen und zusammen sprechen sollten, damit sie von Meistern und Genossen in allem Verkehrten geregelt würden.

19. Und bald danach kam der heilige Amphibal nach England und bekehrte den heiligen Alban zum Christentum. Und der heilige Alban liebte die Maurer sehr und gab ihnen zuerst in England ihre Ordnungen und Gebräuche. Und er verordnete, angemessenen Lohn für ihre Arbeit zu zahlen. Und danach war ein würdiger König in England, der hieß Adelstan, und sein jüngster Sohn liebte die Wissenschaft der Geometrie sehr und wusste wohl, dass die Baufertigkeit die Ausübung der Wissenschaft der Geometrie war, ebenso gut wie die Maurer; deshalb ging er in die Lehre und lernte die Ausübung jener Wissenschaft zu seiner Theorie hinzu, denn in der Theorie war er Meister, und er liebte die Maurerei und die Maurer sehr.

Und er wurde selbst Maurer und gab ihnen Ordönungen und Gebräuche, wie es noch jetzt üblich ist in England und in andern Ländern. Und er verordnete, dass sie angemessene Bezahlung haben sollten, und kaufte einen Freibrief vom Könige, dass sie, wenn sie es für zeitgemäß hielten, eine Versammlung halten und zur Beratung zusammen-

kommen sollten. Von diesen Ordnungen, Gebräuchen und Versammlungen wird geschrieben und
gelehrt im Buche unserer Pflichten, deshalb unterlasse ich es diesmal.

Die allgemeinen Statuten der zweiten Haupt-Loge, aus dem Jahr 1598.

Satzungen und Verordnungen, die von allen Meister-
Maurern im Königreich zu beobachten sind, festgestellt von William Schaw, Werkmeister Seiner Majestät und Ober-Aufseher der genannten Zunft, mit
Zustimmung der nachher an geführten Meister.

1. Item, zuerst sollen sie beobachten und halten alle
guten Verordnungen, die früher in Betreff der Vorrechte ihrer Zunft von ihren Vorfahren guten Ange-
denkens festgestellt sind, besonders sollen sie einander treu sein und liebevoll zusammen leben, wie
es geschworenen Brüdern und Zunftgefährten
geziemt.

2. Item, sie sollen ihren Aufsehern, Vorstehern und
Meistern in allen Sachen ihrer Zunft gehorsam sein.

3. Item, sie sollen ehrlich, zuverlässig und fleissig in
ihrem Beruf sein, auch redlich gegen die Meister
oder Eigentümer der Arbeiten verfahren, die sie

übernehmen, sei es in Tagelohn mit Kost oder in Wochenlohn.

4. Item, keiner soll eine grosse oder kleine Arbeit übernehmen, die er nicht gehörig auszuführen vermag, bei Strafe von 40 Pfund oder dem vierten Teil des Wertes der Arbeit, ausserdem mit entsprechender Entschädigung des Eigentümers, nach Ermessen des Ober-Aufsehers, oder in dessen Abwesenheit der Aufseher, Vorsteher und Meister des Bezirks, wo die Arbeit unternommen ist.

5. Item, kein Meister soll einem andern Meister die Arbeit wegnehmen, sobald dieser mit dem Eigentümer der Arbeit eine Vereinbarung getroffen hat, bei Strafe von 40 Pfund.

6. Item, kein Meister soll eine Arbeit weiterführen, an der andre Meister zuvor gearbeitet haben, so lange diese nach Gebühr für die geleistete Arbeit bezahlt werden, bei derselben Strafe.

7. Item, es soll jedes Jahr ein Aufseher gewählt werden zur Aufsicht über jede Loge, wie sie gesondert geteilt sind, durch Abstimmung der Meister der genannten Logen und mit Genehmigung ihres Ober-Aufsehers, wenn er gerade zugegen ist; sonst soll er benachrichtigt werden, dass ein Aufseher für ein Jahr gewählt ist, damit der Ober-Aufseher demselben die gehörigen Anweisungen geben kann.

8. Item, kein Meister soll mehr als drei Lehrlinge während seines Lebens nehmen ohne besondere Genehmigung der gesamten Aufseher, Vorsteher und Meister des Bezirks, wo der noch aufzunehmende Lehrling wohnt.

9. Item, kein Meister soll einen Lehrling in Pflicht nehmen für weniger als sieben Jahre mindestens, und ein solcher Lehrling darf nicht eher zum Bruder und Zunftgenossen gemacht werden, als bis er weitere sieben Jahre nach Ablauf seiner Lehrzeit gedient hat, ohne besondere Erlaubnis der zu diesem Zweck versammelten Aufseher, Vorsteher und Meister, nach richtiger Prüfung der Würdigkeit, Tüchtigkeit und Geschicklichkeit dessen, der zum Zunftgenossen gemacht zu werden wünscht, bei Strafe von 40 Pfund für den, der gegen diese Bestimmung zum Zunft-genossen gemacht wird, außer den gegen ihn fest-zusetzenden Strafen nach der Verordnung der *Loge*, wo er wohnt.

10. Item, kein Meister darf seinen Lehrling einem andern Meister verkaufen, auch nicht die Jahre seiner Lehrzeit verkürzen, indem er sie dem Lehrling selbst verkauft, bei Strafe von 40 Pfund.

11. Item, kein Meister soll einen Lehrling annehmen, ohne ihn dem Aufseher der Loge anzuzeigen, wo er wohnt, damit dieses Lehrlings Name und der Tag seiner Annahme gehörig gebucht werden kann.

12. Item, kein Lehrling soll anders eingetragen werden als nach derselben Verordnung, damit der Tag der Eintragung gebucht werden kann.

13. Item, kein Meister oder Zunftgenosse soll aufgenommen oder zugelassen werden, ohne die Zahl von sechs Meistern und zwei eingetragenen Lehrlingen, indem der Aufseher der Loge einer jener sechs ist; und der Tag der Aufnahme jenes Zunftgenossen oder Meisters soll gehörig gebucht werden durch Eintragung seines Namens und seines Zeichens mit den Namen der sechs Zulasser und der eingetragenen Lehrlinge und den Namen der Intendanten, die für jeden so ins Buch Eingetragenen zu wählen sind. Niemand aber soll zugelassen werden ohne ein Probestück und genügende Prüfung seiner Geschicklichkeit und Würdigkeit in Beruf und Zunft.

14. Item, kein Meister soll eine Maurer-Arbeit ausführen unter der Leitung eines anderen Zünftlers, der eine Maurer-Arbeit übernimmt.

15. Item, kein Meister oder Zunftgenosse soll nicht zugelassene Handwerker zur Arbeit in seiner Gesellschaft oder Unternehmen annehmen, auch keinen seiner Diener mit nicht zugelassenen Handwerkern arbeiten lassen, bei Strafe von 20 Pfund für jeden einzelnen Fall.

16. Item, es soll eingetragenen Lehrlingen nicht gestattet sein, eine grössere Akkordarbeit von einem

Eigentümer zu übernehmen als bis zu 10 Pfund, bei derselben Strafe von 20 Pfund, und wenn die Arbeit fertig ist, sollen sie keine mehr unternehmen ohne Erlaubnis der Meister oder des Aufsehers, wo sie wohnen.

17. Item, wenn irgendein Streit, Zank oder Zwist unter Meistern, Dienern oder eingetragenen Lehrlingen vor-fällt, sollen die Streitenden die Ursachen ihrer Misshelligkeit den Aufsehern oder Vorstehern ihrer Loge innerhalb 24 Stunden anzeigen, bei Strafe von 10 Pfund, damit sie sich versöhnen und einigen und ihr Zwist durch ihre Aufseher, Vorsteher und Meister beseitigt werde; und wenn einige der Beteiligten etwa eigensinnig oder widerspenstig sind, so sollen sie des Vorrechtes ihrer Loge verlustig gehen und nicht darin arbeiten dürfen, bis sie sich nach Ansicht ihrer Aufseher, Vorsteher und Meister der Vernunft fügen.

18. Item, alle Meister, die Arbeiten unternehmen, sollen sorgsam darauf achten, dass ihre Gerüste und Fußbretter sicher stehen und liegen, damit durch ihre Nachlässigkeit und Unachtsamkeit niemandem, der an der Arbeit teilnimmt, Verletzung oder Schaden zu-stösst, bei Strafe der Ausschliessung von dem Recht, ferner als Meister die Leitung einer Arbeit zu haben; sie sollen dann ihr ganzes späteres Leben gehalten sein, unter oder mit einem Obermeister zu arbeiten, der die Leitung der Arbeit hat.

19. Item, kein Meister soll eines andern Meisters Lehrling oder Diener, der aus dem Dienst seines Herrn entlaufen ist, annehmen oder beherbergen oder in seiner Gesellschaft unterhalten, sobald er Kunde davon erhalten hat, bei Strafe von 40 Pfund.

20. Item, alle Leute der Maurerzunft sollen, nach vorschriftsgemässer Ladung, Zeit und Ort der Zusammenkunft einhalten, bei Strafe von 10 Pfund.

21. Item, alle Meister, die zu einer Versammlung oder Beratung etwa berufen sind, sollen den grossen Eid schwören, dass sie keine Fehler oder Vergehen eines gegen den andern verbergen oder verhehlen, auch keine Fehler oder Vergehen, die jemand den Eigentümern der Arbeiten nach ihrem Wissen angetan hat, bei Strafe von 10 Pfund, die von den Verhehlern solcher Verstösse zu erheben sind.

22. Item, es wird verordnet, dass alle diese Strafen von den Übeltätern und Übertretern dieser Verordnungen durch die Aufseher, Vorsteher und Meister der Logen, wo die Übeltäter wohnen, erhoben und zu wohl-tätigen Zwecken verteilt werden, nach bestem Gewissen und Gutachten der Genannten.

Zur Erfüllung und Beobachtung dieser nach obiger Angabe festgestellten Verordnungen verbinden und verpflichten sich die am obengenannten Tage versammelten gesamten Meister auf Treu und Glauben.

Sie haben deshalb ihren Ober-Aufseher ersucht, dieses Gegenwärtige mit eigener Hand zu unterschreiben, damit eine urkundliche Abschrift an jene Loge im Königreich geschickt werden kann.

Die besonderen Statuten der Loge Kilwinning, aus dem Jahr 1599.

1. Erstens, es wird verordnet, dass der Aufseher innerhalb des Gebietes von Kilwinning und andrer Orte, die der Loge unterstehen, jährlich durch Stimmenmehrheit der Meister der genannten Loge am 20. Dezember erkoren und gewählt werden soll, und zwar in der Kirche zu Kilwinning, als der zweiten Hauptloge Schottlands, und dass dann der Ober-Aufseher jährlich unmittelbar nach der Wahl benachrichtigt werde, wer zum Aufseher der Loge gewählt ist.

2. Item, es wird von dem Herrn Ober-Aufseher für nötig und angemessen gehalten, dass jede Loge in Schottland zukünftig ihre alten und hergebrachten Freiheiten von früher haben soll, insbesondere, dass die Loge von Kilwinning als zweite Loge Schottlands ihren Aufseher bei der Wahl der Aufseher innerhalb des Gebietes des Niederbezirks von Cliddisdale, Glasgow, Air und des Gebietes von Carrik gegenwärtig habe, mit Vollmacht für den genannten Aufseher und

Vorsteher von Kilwinning, die übrigen Aufseher und Vorsteher innerhalb des genannten Gebietes zu versammeln, wenn sie etwas Wichtiges zu erledigen haben; sie stehen unter dem Urteil des Aufsehers und Vorstehers von Kilwinning, wenn sie ihre Zusammenkunft zu halten wünschen, sei es in Kilwinning oder in einem andern Teile des westlichen Schottlands und des genannten Gebietes.

3. Item, es wird von dem Herrn Ober-Aufseher für nötig und angemessen gehalten, dass Edinburgh in aller Zukunft wie früher die erste und oberste Loge in Schottland sein soll, dass Kilwinning die zweite Loge sei, wie von früher in unsern alten Schriften urkundlich feststeht, und dass Stirling die dritte Loge sein soll, ihren alten Vorrechten gemäss.

4. Item, es wird für angemessen gehalten, dass die Aufseher einer jeden Loge den Kirchenältesten innerhalb ihrer Bezirke für die den Logen unterstellten Steinmetzen verantwortlich sein sollen betreffs aller Übeltaten, die irgendeiner von ihnen begeht; und der dritte Teil von den Strafen für Ungesetzlichkeiten soll für fromme Zwecke der Loge, wo eine Übeltat begangen worden ist, Verwendung finden.

5. Item, es soll jährlich von den Aufsehern und ältesten Meistern jeder Loge, im ganzen von sechs Leuten, eine Untersuchung angestellt werden wegen der Übertretungen, damit die Strafe nach Billigkeit

und Gerechtigkeit und bestem Gewissen und alter Ordnung verhängt werden kann.

6. Item, es wird von dem Herrn Ober-Aufseher verordnet, dass der Aufseher von Kilwinning, als zweiter in Schottland, sechs der vollkommensten und bekanntesten innerhalb des Gebietes auswähle, um die Tüchtigkeit der gesamten Steinmetzen des Gebietes nach ihrer Fertigkeit, Kunst, Wissenschaft und alten Überlieferung zu prüfen, damit der Aufseher und Vorsteher nachher für die ihm überwiesenen Leute innerhalb seines Aufsichtsbezirkes verantwortlich sein kann.

7. Item, dem Aufseher und Vorsteher von Kilwinning als der zweiten Loge ist Vollmacht gegeben, aus ihrer Vereinigung und Gesellschaft alle Leute auszuschliessen und zu entfernen, die widerwillig sind, alle Bestimmungen und alten Satzungen, die seit Menschengedenken feststehen, zu erfüllen und zu befolgen; ebenso alle Leute, die widerwillig sind gegen Kirche, Zunft, Rat und andre Satzungen und Bestimmungen, die um guter Ordnung willen später gemacht werden.

8. Item, es wird vom Herrn Ober-Aufseher verordnet, dass der Aufseher und Vorsteher zusammen mit seinen Bezirksmeistern einen namhaften Notar als ordentlichen Schriftführer und Schreiber erwähle, ernenne und einsetze, dass besagter Notar das Amt übernehme, und dass alle Verträge, Quittungen und

andre Schriften, die die Zunft angehen, nur von dem Schriftführer geschrieben werden sollen, und dass keine Art Schriftstück von besagtem Aufseher und Vorsteher zugelassen werden soll, wenn es nicht von besagtem Schriftführer gefertigt und mit seiner Hand unterschrieben ist.

9. Item, es wird von dem Herrn Ober-Aufseher verordnet, dass alle alten Bestimmungen und Satzungen, die früher von den Vorfahren der Steinmetzen von Kilwinning gemacht sind, von den Zünften treulich beobachtet und für alle Zukunft gehalten werden sollen; und dass ein Lehrling oder Zünftler von jetzt an nur in der Kirche von Kilwinning zugelassen und eingetragen werde, als seiner Kirchspiel- und zweiten Loge; und dass alle Eintragungsschmäuse von Lehrlingen oder Zunftgenossen innerhalb der besagten Loge von Kilwinning gehalten werden sollen.

10. Item, es wird verordnet, dass alle Zunftgenossen bei ihrer Eintragung an die allgemeine Kasse der Loge die Summe von 10 Pfund bezahlen, nebst 10 sh. für Handschuhe, wo einer auch zugelassen werde, und zwar für den Schmaus; und dass er nicht ohne genügendes Probestück oder einen Beweis von Wissen und Fertigkeit im Handwerk von Aufseher, Vorsteher und Bezirksmeistern der Loge zugelassen werde, damit sie dadurch dem Ober-Aufseher um so eher verantwortlich sein können.

11. Item, dass alle zuzulassenden Lehrlinge erst zugelassen werden, wenn sie zuvor die Summe von 6 Pfund zur Bezahlung des besagten gemeinschaftlichen Schmauses erlegen; sonst sollen sie einen Schmaus bezahlen für alle Mitglieder der Zunft innerhalb der Loge und für deren Lehrlinge.

12. Item, es wird verordnet, dass der Aufseher und Vorsteher der zweiten Loge Schottlands in Kilwinning allen Meistern und Zunftgenossen innerhalb des ganzen Gebietes unter ihrer Aufsicht jährlich Eid, Verpflichtung und Treue abnehmen soll, dass sie sich nicht zu Uneingeweihten gesellen, noch mit ihnen arbeiten, noch einer ihrer Diener oder Lehrlinge, bei Strafe der Buße in den früheren Bestimmungen.

13. Item, es wird vom Ober-Aufseher verordnet, dass der Aufseher der Loge zu Kilwinning, die die zweite Loge in Schottland ist, die Kenntnisse und das Wissen jedes Zunftgenossen und jedes Lehrlings prüfe, je nach Art ihres Berufs; und sollten sie einen Punkt davon vergessen haben, so sollen sie für ihre Unachtsamkeit folgende Strafen zahlen, nämlich jeder Zunftgenosse 20 sh., jeder Lehrling 10 sh.; und dies soll jährlich für das allgemeine Wohl in die Kasse bezahlt werden, gemäss dem allgemeinen Brauch und Herkommen der allgemeinen Logen dieses Königreichs.

Und zum Erfüllen, Beobachten und Halten dieser Satzungen, sowie aller Bestimmungen und Satzungen, die früher gemacht sind oder noch gemacht werden von Aufsehern, Vorstehern und Bezirksmeistern besagter Logen, um gute Ordnung zu erhalten nach Billigkeit und Gerechtigkeit und alter Ordnung, hat der Ober-Aufseher dem genannten Aufseher und den andern oben Geschriebenen Vollmacht und Auftrag gegeben, solche Bestimmungen zu treffen Gemäss des Amtes und des Gesetzes.

Und zum Zeichen dessen habe ich, der Ober-Aufseher von Schottland, diese Bestimmungen und Satzungen niederschreiben lassen und dieselben eigenhändig nach der Beglaubigung auf dieser und der andern Seite unterschrieben.

Kunde und zu wissen dem Aufseher, Vorsteher und den Meistern der Loge zu Kilwinning, dass Archibald Barklay als Abgesandter der genannten Loge am 27. und 28. Dezember d. J. in Edinburgh erschien, wo genannter Archibald in Gegenwart des Ober-Aufsehers und der Meister der Loge zu Edinburgh seinen Auftrag vorbrachte und sich sehr redlich und sorgfältig erwies in der Erledigung der Sachen, die ihm aufgetragen waren; aber mit Rücksicht darauf, dass Seine Majestät ausser Stadt war, und dass keine andern Meister als von Edinburgh zur Zeit versammelt waren, konnten wir keine solche Ordnung feststellen, wie die Vorrechte vier Zunft erfordern; aber später, sobald sich Gelegenheit bietet, werden wir Seiner Majestät Genehmigung erwirken, sowohl für die Bestätigung der Logen-

Vorrechte als auch für die Festsetzung von Strafen für die widerwilligen Leute und die Störer aller guten Ordnung.

Ich hielt für gut, dies allen Brüdern der Loge zur nächsten Benutzbarkeit kund zu tun; dessen zum Zeugnis habe ich das Gegenwärtige eigenhändig unterschrieben.

Die alte Unterweisung in die Geheimnisse der operativen Maurer-Bruderschaft der Loge zu Kilwinning, aus dem Jahr 1696

Frage: Seid Ihr ein Maurer?
Antwort: Ja.

Frage: Wie soll ich es erkennen?
Antwort: Ihr sollt es zu geeigneter Zeit und am passenden Ort erfahren.

> Bemerkung: Die genannte Antwort ist nur dann zu geben, wenn Nichtmaurer anwesend sind. Falls keine dabei sind, solltet Ihr antworten.

> Durch Zeichen, Merkmale und andere Punkte meiner Aufnahme.

Frage: Was ist der erste Punkt?
Antwort: Sagt mir den ersten Punkt, ich sage Euch den zweiten. Der erste ist, zu verhehlen und zu verschweigen, der zweite, unter keiner geringeren Strafe als des Durchschneidens Eurer Gurgel. Denn Ihr müsst jenes Zeichen machen, wenn Ihr dies sagt.

Frage: Wo wurdet Ihr aufgenommen?
Antwort: In der ehrenwerten Loge.

Frage: Was macht eine wahre und vollkommene Loge aus?
Antwort: Sieben Meister, fünf eingetragene Lehrlinge, eine Tagereise von einer Marktstadt, ohne Hundegebell oder Hahnenschrei.

Frage: Machen nicht weniger eine wahre und vollkommene Loge?
Antwort: Ja, fünf Maurer und drei eingetragene Lehrlinge, usw.

Frage: Tun es nicht weniger?
Antwort: Je mehr, je fröhlicher, je weniger, umso besser Speise und Trank.

Frage: Was ist der Name Eurer Loge?
Antwort: Kilwinning.

Frage: Wie steht Euere Loge?
Antwort: Östlich und westlich wie der Tempel von Jerusalem.

Frage: Wo war die erste Loge?
Antwort: In der Vorhalle von König Salomons Tempel.

Frage: Gibt es Lichter in Eurer Loge?
Antwort: Ja, drei, den nordöstlichen, südwestlichen und östlichen Durchgang. Der eine bezeichnet den Maurermeister, der andere den Aufseher, der dritte den Platz der Handwerker.

Frage: Gibt es Kleinodien in Eurer Loge?
Antwort: Ja, drei, den behauenen Stein, ein quadratisches Pflaster und einen gemeißelten Stein.

Frage: Wo werde ich den Schlüssel Eurer Loge finden?

Ja, drei Fuß und einen halben von der Logentür unter einem behauenen Stein und einem grünen Rasenstück, jedoch unter dem Lappen meiner Leber, wo alle Geheimnisse meines Herzens liegen.

Frage: Welches ist der Schlüssel Eurer Loge?
Antwort: Eine wohlaufgehängte Zunge.

Frage: Wo liegt der Schlüssel?
Antwort: Im knöchernen Kasten.

NOTIZEN:

NOTIZEN:

NOTIZEN: